Selma Lagerlöf

Weihnachtsgeschichten und Legenden

Ein Adventskalender in 24 Kapiteln

SELMA LAGERLÖF
FALUN
1902

Selma Lagerlöf

Weihnachtsgeschichten und Legenden

Ein Adventskalender in 24 Kapiteln

benno

1

Vierzig Grad Kälte

Es ist Samstag, und gleich nach dem Mittagessen sagte Mutter, da nun der Unterricht zu Ende sei – denn wir haben am Samstagnachmittag immer frei – und das Wetter so schön und die Schlittenbahn so gut, meine sie, Tante Lovisa und Aline Laurell würde ein Ausflug recht guttun. Tante Augusta auf Gårdsjö habe ihr nämlich ein paar Muster für Baumwollstoff versprochen, und es wäre gut, wenn Tante Lovisa und Aline hinführen und diese Muster für sie holten. Sie sollten aber nicht so lange auf Gårdsjö bleiben, sagte

Mutter, dass Tante Augusta sie zum Abendessen einladen müsste, sondern sie sollten gleich nach dem Kaffee den Heimweg antreten.
Tante Lovisa und Aline machten sich fertig, und um halb vier Uhr fuhren sie ab. Dann ließ Vater mir und Anna sagen, wir sollten in die Amtsstube kommen und Feuerversicherungspolicen kollationieren. Unser Vater hat ja alle Brandversicherungen in Ost-Ämtervik unter sich, und für jeden Hof müssen drei Brandversicherungspolicen angefertigt werden, und natürlich müssen alle drei ganz genau gleich sein, es darf sich nicht ein einziger Fehler darin finden.

Wir sitzen an dem großen Schreibtisch im Amtszimmer, und jedes hat seinen Teil von den großen Brandversicherungspolicen vor sich ausgebreitet. Und wir sind ganz feierlich gestimmt, weil wir Vater beim Kollationieren helfen dürfen.

Und Vater liest: »Neu 1. Zustand 1. Alt 1/2. Dach: Birkenrinde und Rasen.« Dasselbe kommt in einer Police nach der andern; es ist gerade nicht abwechslungsreich, aber wir sind jedenfalls sehr vergnügt. Vater sagt, Anna sei Inspektor Nymann, und ich sei Erik von Korterud, denn das sind die beiden, die sonst mit ihm kollationieren. Wenn ich einen

Fehler finde, sagt er: »Es ist recht, Erik von Korterud, dass Er aufpasst«, und das klingt unwiderstehlich komisch, wir müssen uns auf unseren Stühlen zurücklehnen und hell hinauslachen.

Aber während wir noch mittendrin sind, geht die Amtszimmertür auf, und herein tritt ein Herr in einem langen schwarzen Pelzmantel, einem gehäkelten Reiseschal und einer Mütze aus Seehundfell. Sein Bart und seine Augenbrauen sind dick bereift, und wir können deshalb zuerst gar nicht erkennen, wer es ist; aber dann kommen wir doch rasch dahinter. Es ist der Ingenieur Frykberg von Gräsmark, der an jedem siebzehnten August zu uns kommt, um mit zu tanzen und sich das Liebhabertheater bei uns anzusehen.

Sobald Ingenieur Frykberg Vater und Anna und mich begrüßt hat, sagt er, er habe gehört, dass Vater in diesem Jahr ungewöhnlich schönen Hafer geerntet habe. Und er fragt, ob er vielleicht etwas davon als Saatkorn kaufen könnte, denn auf Gräsmark sei im letzten Herbst aller Hafer erfroren.

Vater legt sogleich die Brandversicherungspolicen weg und schickt uns Kinder zu Mutter hinauf mit dem Bescheid, dass Ingenieur Frykberg zum

Kaffee kommen werde. Wir laufen natürlich mit der Nachricht gleich hinüber in das große Wohngebäude, und da Tante Lovisa nicht daheim ist, helfen wir der Haushälterin beim Zuckerhacken und Kaffeegebäck auflegen.
Der Kaffeetisch sieht unserer Ansicht nach höchst einladend aus; aber als Ingenieur Frykberg ins Esszimmer tritt und einen Blick darauf wirft, macht er ein etwas enttäuschtes Gesicht.
»Trinken nicht alle deine Damen Kaffee?«, fragt er Vater. »Hier sind ja nur drei Tassen bereitgestellt.«
»O doch«, antwortet Vater, »diese

Kunst können sie alle miteinander. Aber meine Schwester und die Erzieherin sind nach Gårdsjö gefahren. Du musst heute mit uns vorliebnehmen.«

Aber ist es nicht recht seltsam! Ingenieur Frykberg, ein so großer, kräftiger Mann mit einem langen schwarzen, überdies schon etwas grau gesprenkeltem Vollbart sieht überaus niedergeschlagen aus, weil Tante Lovisa und Aline Laurell nach Gårdsjö gefahren sind.

Zuerst blinzelt er mehrere Male ganz rasch hintereinander, und dann fährt er sich mit einem großen rotseidenen Taschentuch wiederholt über die Stirn

und das Gesicht. Und als er Mutter seine Tasse reicht, damit sie ihm Kaffee einschenke, hören wir den Löffel auf der Untertasse klirren.
»Sie werden nicht den ganzen Abend auf Gårdsjö bleiben«, sagt sie. »Ich denke, um sechs Uhr werden wir sie wohl wieder hierhaben.«
Als Mutter das sagt, sieht es aus, als ob Ingenieur Frykberg neues Leben erhielte. Er steckt sein Taschentuch wieder ein, und der Löffel klirrt nicht mehr auf der Untertasse.

2

Während sie Kaffee trinken, spricht Mutter mit Ingenieur Frykberg über Aline Laurell. Sie sagt, sie preise sich glücklich, solange sie eine so ausgezeichnete Lehrerin für ihre Kinder habe, eine Lehrerin, die so zuverlässig, so anspruchslos und angenehm im Hause zu haben sei. Und überdies so sehr geschickt mit den Händen! Es sei wunderbar, welche schönen Sachen sie rein aus nichts herstellen könne.

Mutter zeigt Ingenieur Frykberg zwei Eckbretter mit Behang aus Kaliko, die im Esszimmer angebracht sind und die Aline letztes Jahr zu Weihnachten verfertigt hat.

»Sehen Sie, Herr Ingenieur, wie schön sie gestickt sind?«, sagt Mutter. »Können Sie begreifen, dass diese Rosen und Fuchsien und Maiblumen nur aus aufgenähten Fischschuppen bestehen und dass diese schöne Borte aus den Schuppen von Fichtenzapfen verfertigt und nachher mit Opallack überzogen ist? Ja, ich muss sagen, dieses Mädchen besitzt ein Vermögen in ihren Händen.«
Nachher sagt Mutter zu mir, ich solle Vaters Ständer für Federhalter holen und Ingenieur Frykberg zeigen. Aline hat diesen Ständer aus einigen dünnen Holzbrettchen gesägt und mit Tischlerleim zusammengeleimt,

und Vater gefällt er so gut, dass er keinen andern Federständer auf seinem Schreibtisch haben will.
»Sehen Sie, Herr Ingenieur, auch das kostet nicht viel«, sagt Mutter.
Danach darf er das schöne Bücherbord in der guten Stube sehen, das aus drei gefirnissten Holzbrettchen besteht, die an braunen wollenen Schnüren hängen. An den Brettern sind Kanten von schwarzem Samt, und auf diese Streifen hat Aline Blumen und Blätter aus Fischschuppen und weißer Seide und Strohperlen gestickt.
»Dies hab' ich im vorigen Jahr zu Weihnachten von ihr bekommen«,

sagt Mutter; »finden Sie es nicht sehr schön, Herr Ingenieur?«

O ja, Ingenieur Frykberg lobt alles, was Mutter ihm zeigt. Aber er ist nicht so erfreut darüber, wie Mutter erwartet hatte; er sagt, es sei recht traurig, dass so ein Mädchen wie Aline Arbeiten aus Fischschuppen und Tannenzapfen herstellen müsse.

Sobald er mit dem Kaffeetrinken fertig ist, ergreift ihn die Unruhe aufs Neue. Nun zieht er ein Mal ums andere aus seiner Westentasche eine große silberne Zwiebel, schaut darauf, steckt sie ein und zieht sie aufs Neue heraus, wie wenn er sofort wieder vergessen hätte, was die Uhr zeigte.

Nachdem Mutter sich über Aline Laurell ausgesprochen hat, ergreift Vater das Wort, und er fragt Ingenieur Frykberg nach dem schönen Berg, der droben in Gräsmark liegt und Gettjärnkletten heißt. Er fragt, ob es wahr sei, dass ein finnischer Junge, der dort im Sommer Hirte war, einen großen Goldklumpen gefunden und ihn dann beim Goldschmied Brockman in Karlstadt gegen drei große silberne Becher eingetauscht habe. Ingenieur Frykberg hat indes nicht ein Wort von dem Goldklumpen gehört, und ich glaube, Vater auch nicht. Er will Ingenieur Frykberg nur ein wenig necken, weil er weiß, wie stolz alle Gräsmarker auf ihren Berg sind.

Aber wenn Vater meint, er könne Ingenieur Frykberg munter und froh machen, dann täuscht er sich. Ingenieur Frykberg sieht die ganze Zeit auf seine silberne Zwiebel – er sieht ganz und gar nicht, dass wir im Esszimmer eine große Uhr an der Wand hängen haben –, und jetzt wendet er sich an Mutter und fragt sie, ob sie Mamsell Laurell ganz bestimmt bis sechs Uhr zurückerwarte.

»Nein, so ganz sicher ist es nicht«, antwortet Mutter, »sie könnten ja mög-

licherweise auf Gårdsjö zum Abendessen eingeladen worden sein.«
Da steht Ingenieur Frykberg auf und wandert einmal um den Esstisch herum.
»Ja, dann darf ich mich wohl jetzt verabschieden«, sagt er, »denn, wie Sie wissen, hab' ich drei volle Meilen bis nach Hause, und es fängt schon an zu dämmern.«

3

Er hat wieder sein Taschentuch herausgezogen und spricht in einem ganz kläglichen Ton. Ich glaube, er tut Mutter leid, denn sie sagt:

»Könnten Sie nicht über Nacht hierbleiben, Herr Ingenieur? Im Amtszimmer ist immer geheizt, und es stehen dort Bettstellen mit warmen Bettstücken; es würde uns also gar keine Mühe machen.«

Als Mutter das vorschlägt, lebt Ingenieur Frykberg abermals auf. Er steckt sein Taschentuch wieder ein und sieht erfreut aus.

Dann erkundigt sich Mutter nach seiner Mutter. Sie fragt, ob diese noch bei ihm wohne und ihm den Haushalt führe.

»Ja, das tut sie«, antwortet Ingenieur Frykberg, »aber es ist allmählich kein Verlass mehr auf sie.«

»Dann wäre es wohl an der Zeit, dass Sie sich eine Frau anschafften, Herr Ingenieur«, sagt Mutter, »damit die alte Dame nicht mehr so viel zu tun hätte.«

Darauf gibt Ingenieur Frykberg keine Antwort; aber er errötet und zieht sein Taschentuch abermals heraus. Vater und Mutter sehen einander an und schütteln den Kopf ein wenig. Sie sind gewiss ganz ratlos, was sie mit ihm anstellen sollen.

»Weißt du was, Frykberg!«, sagt Vater plötzlich. »In der Dämmerung fahren die Kinder meist mit ihren Rodelschlitten. Geh du mit ihnen und hilf ihnen steuern! Möglicherweise kommen Lovisa und Aline im Schlitten angefahren, während ihr beim Rodeln draußen seid.«
Und siehe, über diesen Vorschlag wird Ingenieur Frykberg ganz vergnügt. Anna und Emma Laurell und ich nehmen ihn in die Mitte, und wir gehen hinaus. Wir fragen ihn, ob er nicht seinen Pelzmantel anziehen wolle; aber er meint, das sei nicht nötig, sein Anzug sei aus eigen gewobenem Tuch angefertigt,

und so brauche er keinen Überzieher.
Als er aber unsern Schlitten sieht, meint er, der sei doch viel zu klein. »Mit dem kann man nicht rodeln«, sagt er, und er wählt dafür eine Rutsche, so eine, wie sie die Stallknechte gebrauchen, wenn sie Holz aus dem Walde heimfahren. Diesen Schlitten schiebt Ingenieur Frykberg zuerst durch die Allee und dann sogar den Ruhsteinhügel hinan. Und heißa! Es geht in vollem Galopp, wenn wir uns dann auf den Schlitten setzen und den Hügel hinabfahren! Ingenieur Frykberg steuert, und der Schlitten fliegt nur so. Kei-

ne Rede davon, dass er gegen einen Schneewall fährt und umstürzt, was wohl vorkommen kann, wenn wir selbst steuern. Eine so prachtvolle Rodelfahrt haben wir noch nie mitgemacht.

Wir fahren viele Male den Hügel hinunter, und immer wieder schiebt Ingenieur Frykberg die schwere Rutsche zum Ruhstein hinauf, damit wir noch länger so lustig heruntersausen können; das ist doch furchtbar nett von ihm, darüber sind wir uns alle einig. Wir erzählen ihm alles Mögliche, und er gibt uns Antwort darauf, und wir werden recht gut Freund mit ihm. Schon nach Kurzem ist uns, als seien wir mit Ingenieur Frykberg ebenso gut bekannt wie mit Daniel und Johan.

An diesem Abend sieht es hier im Freien ganz merkwürdig aus, denn alles ringsum ist mit Raureif bedeckt. Auf den Fichten und Birken liegt er so hoch und dicht, dass sie sich auf den Weg herunterneigen. Es ist, als hätten wir ein weißes Dach über uns, und Emma Laurell sagt: »Es ist gerade wie in der Domkirche in Karlstadt.«

Als Ingenieur Frykberg das hört, fragt er, ob sie in Karlstadt gewesen sei. Emma antwortet, ja, dort sei sie geboren, und auf diese Weise kommt es heraus, dass Emma nicht unsere Schwester, sondern die von Aline ist. Das hatte Ingenieur Frykberg vorher nicht gewusst. Und Emma fragt Ingenieur Frykberg, ob er nicht Landesvermesser sei, denn sie meine, sie habe ihn einmal auf einer Gesellschaft bei ihren Eltern gesehen zu der Zeit, wo ihr Vater noch lebte und der oberste Landesvermesser war. Ingenieur Frykberg ist sehr erfreut darüber, dass Emma Alines Schwester ist und sie sich noch an ihn erinnern kann.

4

Aber mitten im schönsten Vergnügen sagt Anna plötzlich, nun sei es ganz dunkel, und wir müssten heimgehen. Und darin müssen wir ihr recht geben, obgleich wir gerne die ganze Nacht den Ruhsteinhügel hinuntergerodelt wären. Und auf dem Heimweg zieht Ingenieur Frykberg Gerda und mich auf dem Schlitten ganz bis nach Hause, weil er sieht, wie müde wir sind. Jawohl, Ingenieur Frykberg ist, Vater natürlich ausgenommen, zweifellos der netteste alte Herr, den wir je kennengelernt haben, darin stimmen wir alle überein.

Oh, wir sind ja nicht so dumm, wir begreifen recht gut, dass Ingenieur

Frykberg in Aline Laurell verliebt ist und er deshalb nicht eher fortgehen will, als bis Aline zurückgekommen ist. Aber Aline wird Ingenieur Frykberg nicht haben wollen, weil er so sehr hässlich und so sehr alt ist; darüber sind wir uns ganz klar. Und er tut uns aufrichtig leid, weil er nicht jung und schön ist.
Aber ist es möglich! Wir haben mehrere Stunden lang da draußen gerodelt! Als wir zu Hause ankommen, ist schon der Tisch zum Abendbrot gedeckt, wir dürfen uns nur hinsetzen und essen.
Als wir dann vom Tisch aufgestanden sind, sagt Vater, an den Sams-

tagabenden spiele er meist noch eine Partie Kille mit uns Kindern und ob Ingenieur Frykberg uns die Freude machen und mitspielen wolle.

Jawohl, Ingenieur Frykberg ist sofort bereit dazu, und wir holen eiligst Spielmarken und die Killekarten. Dann setzen wir uns alle miteinander um den Esstisch, ausgenommen Mutter, denn sie spielt nicht gern Karten.

Und Vater und Ingenieur Frykberg sind zu lustig! Sie suchen immer zu mogeln, so wie es die richtigen Kartenspieler machen müssen, und Anna und Emma Laurell und Gerda und ich, wir lachen sie aus, oh, wir sind seelenvergnügt!

Wir lachen und schwatzen durcheinander, und so hören wir es nicht einmal, als der Schlitten von Gårdsjö vorfährt. Nein, wir hören nichts, bis die Stubentür aufgeht und Tante und Aline hereintreten.

Beide sind ganz weiß vor Raureif, und sie haben große Herrenpelzmäntel an. Sie sagen, es sei furchtbar kalt draußen, volle fünfunddreißig Grad. Onkel Kalle habe ihnen Pelzmäntel geliehen, sonst wären sie erfroren.

Sie erzählen auch, wie willkommen sie auf Gårdsjö waren. Die Tante und der Onkel hätten sie aufs Herzlichste zum Abendbrot eingeladen, und so hätten sie nicht Nein sagen können.

Als Aline hereinkam, stand Ingenieur Frykberg vom Tisch auf und zog sich ganz in die Ofenecke zurück, und so sah Aline ihn erst, als sie den Pelzmantel abgelegt hatte.

»Ei sieh! Sind Sie hier, Herr Ingenieur?«, sagt sie und streckt ihm die Hand zum Gruß hin.

Sie ist durchaus nicht unfreundlich, aber sie richtet sich plötzlich stramm auf und wirft den Kopf zurück. Dabei sieht sie ein wenig aus wie Frau Hwasser im Schauspielhaus in Stockholm, wenn sie eine Königin spielt und mit einem Lakaien redet.

Und wie schön ist Aline Laurell, wie sie so vor ihm steht! Sie hat so frische

Farben, in den Stirnhaaren glänzt der Raureif, und die großen grauen Augen leuchten und strahlen wie immer, wenn sie angeregt ist. Und Aline Laurell kommt mir plötzlich viel vornehmer vor als wir andern. Sie ist ein feines Stadtfräulein, gewohnt, mit dem Landeshauptmann und dem Bischof zu verkehren, wir aber sind nur einfache Landpomeranzen.

Und vor allem ist sie vornehmer als Ingenieur Frykberg. Mir ist, als sinke er in sich zusammen und werde kleiner und kleiner, während er sie ansieht.

Er sieht aber auch wirklich furchtbar struppig aus mit dem großen Bart und in dem eigen gewobenen Anzug. Er begrüßt Aline, sagt aber kein Wort, und so kommt Mutter ihm zu Hilfe.

»Ingenieur Frykberg kam, um Hafer zu kaufen«, erklärt sie. »Er hat mit den Kindern mehrere Stunden lang gerodelt. Das war sehr liebenswürdig von ihm, und wir haben ihn gebeten, über Nacht hierzubleiben, denn er hat einen weiten Weg nach Hause.«

5

Als das Kindermädchen Maja am nächsten Morgen zu uns hereinkommt, um einzuheizen, sagt sie, es habe vierzig Grad Kälte.

»Da bleibt ihr Kinder am besten in euren Betten liegen«, sagt sie. »Man kann die Zimmer unmöglich warm bekommen.«

Aber natürlich stehen wir auf. So eine große Kälte haben wir ja noch nie erlebt. Es kommt uns so merkwürdig vor, wie wenn wir nach dem Nordpol verzogen wären.

Als wir in das Wohnzimmer hinunterkommen, sind da alle Fenster mit einer dicken Schicht Raureif bedeckt, und es dringt nur ganz wenig Tages-

licht herein; überall ist es nur halbhell, und es ist furchtbar kalt.
Von dem Thermometer, das vor einem der Wohnzimmerfenster hängt, können wir nicht viel sehen.
Aber gerade vor der Quecksilberkugel ist ein sonderbarer heller Fleck auf der Scheibe. Ei, das Quecksilber ist wahrhaftig eingefroren, es steigt in dem Glasröhrchen nicht mehr in die Höhe.
Und die Haushälterin sagt, wir könnten kein weiches Brot zum Frühstück bekommen, denn alles Brot sei Stein und Bein gefroren, wenn man versuchte, es durchzuschneiden, zerbröckle es vollständig.

Auch Butter können wir nicht bekommen, denn auch sie ist fest gefroren. In der Buttertonne liegen da und dort große Eisstücke.
Wir möchten gern hinausgehen und fühlen, wie es bei vierzig Grad Kälte ist, aber das dürfen wir nicht. Wir dürfen nicht einmal das Schloss an der Haustür mit bloßen Händen anfassen. Denn wenn man bei vierzig Grad Kälte Eisen anfasst, dann brennt es einen, wie wenn es glühend heiß wäre, und die Haut wird ganz versengt.
Aber jedenfalls finden wir es höchst feierlich, dass wir eine so große Kälte erlebt haben. Weder Vater noch Mut-

ter, ja, nicht einmal die alte Haushälterin können sich an vierzig Grad Kälte auf Mårbacka erinnern.

Wir sind so hingenommen von dieser Kälte, dass wir Ingenieur Frykberg, der am gestrigen Abend so nett mit uns war, vollständig vergessen. Als wir uns dann aber an den Frühstückstisch setzen, fragt Anna, ob wir nicht auf den Ingenieur warten sollten.

»Nein«, antwortet Mutter, »Ingenieur Frykberg ist nicht mehr da. Als er hörte, dass das Thermometer vierzig Grad Kälte zeigte, stand er sofort auf und fuhr heim. Als er ging, sagte er, er müsse rasch nach Hause und nachsehen, ob seine Schafe

und Schweine nicht erfroren seien. Er habe nicht einmal Zeit, sich zu verabschieden.«
»Aber ist es nicht gefährlich, bei so einer Kälte viele Meilen weit zu fahren?«, fragt Aline.
Doch Vater lacht nur und erwidert:
»Ei, ei, Aline, findest du es jetzt an der Zeit, warmherzig zu werden! Ich möchte wohl wissen, wer daran schuld ist, dass er auf und davon fuhr.«
»Aber, lieber Onkel«, erwidert Aline, »ich bin doch ganz freundlich gegen ihn gewesen. Du wirst doch nicht das Gegenteil behaupten wollen?«

»Oho«, sagt Vater, »in deiner Freundlichkeit waren wenigstens vierzig Grad Kälte.«
Und ich glaube, Vater und Mutter auch sind ein wenig unzufrieden mit Aline. Und Anna und Emma Laurell und ich, wir sagen allerdings hinterher, Aline habe sich unmöglich in einen so hässlichen alten Mann verlieben können; aber Ingenieur Frykberg tut uns trotzdem leid.
Ich grüble lange darüber nach, ob er nicht am Ende gehofft hatte, er werde unterwegs erfrieren, als er sich bei vierzig Grad Kälte auf den Heimweg machte. Ich warte darauf zu hören, dass er nicht lebend daheim ankam.

Dann wäre alles miteinander wie in einem Roman gewesen.

6

Großmutters Weihnachtsgeschichte

Es war an einem Weihnachtstag, alle waren zur Kirche gefahren, außer Großmutter und mir. Ich glaube, wir beide waren im ganzen Haus allein. Wir hatten nicht mitfahren können, weil die eine zu jung und die andere zu alt war. Und alle beide waren wir betrübt, dass wir nicht zum Mettegesang fahren und die Weihnachtslichter sehen konnten.

Aber wie wir so in unserer Einsamkeit saßen, fing Großmutter zu erzählen an.

»Es war einmal ein Mann«, sagte sie, »der in die dunkle Nacht hinausging, um sich Feuer zu leihen. Er ging von Haus zu Haus und klopfte an. ›Ihr lieben Leute, helft mir!‹, sagte er. ›Mein Weib hat eben ein Kindlein geboren, und ich muss Feuer anzünden, um sie und den Kleinen zu erwärmen.‹

Aber es war tiefe Nacht, sodass alle Menschen schliefen, und niemand antwortete ihm. Der Mann ging und ging. Endlich erblickte er in weiter Ferne einen Feuerschein. Da wanderte er dieser Richtung zu und sah, dass das Feuer im Freien brannte. Eine Menge weißer Schafe lagen rings um das Feuer und schliefen, und ein alter Hirt wachte über die Herde. Als der Mann, der Feuer leihen wollte, zu den Schafen kam, sah er, dass drei große Hunde zu Füßen des Hirten ruhten und schliefen. Sie erwachten alle drei bei seinem Kommen und sperrten ihren weiten Rachen auf, als ob sie bellen wollten, aber man vernahm keinen Laut. Der Mann sah, dass sich die Haare auf ihrem Rücken sträubten, er sah, wie ihre scharfen Zähne funkelnd weiß im Feuerschein leuchteten und wie sie auf ihn losstürzten. Er fühlte, dass einer nach seiner Hand schnappte und dass einer sich an seine Kehle hängte. Aber die Kinnladen und die Zähne, mit denen die Hunde beißen wollten, gehorchten ihnen nicht, und der Mann litt nicht den kleinsten Schaden.

Nun wollte der Mann weitergehen, um das zu finden, was er brauchte. Aber die Schafe lagen so dicht nebeneinander, Rücken an Rücken, dass er nicht vorwärtskommen konnte. Da stieg der Mann auf die Rücken der Tiere und wanderte über sie hin dem Feuer zu. Und keins von den Tieren wachte auf oder regte sich.«

So weit hatte Großmutter ungestört erzählen können, aber nun konnte

ich es nicht lassen, sie zu unterbrechen. »Warum regten sie sich nicht, Großmutter?«, fragte ich.
»Das wirst du nach einem Weilchen schon erfahren«, sagte Großmutter und fuhr mit ihrer Geschichte fort. »Als der Mann fast beim Feuer angelangt war, sah der Hirt auf. Es war ein alter, mürrischer Mann, der unwirsch und hart gegen alle Menschen war. Und als er einen Fremden kommen sah, griff er nach seinem langen, spitzigen Stabe, den er in der Hand zu halten pflegte, wenn er seine Herde hütete, und warf ihn nach ihm. Und der Stab fuhr zischend gerade auf den Mann los, aber ehe er ihn traf, wich er

zur Seite und sauste, an ihm vorbei, weit über das Feld.«

Als Großmutter so weit gekommen war, unterbrach ich sie abermals. »Großmutter, warum wollte der Stock den Mann nicht schlagen?«

Aber Großmutter ließ es sich nicht einfallen, mir zu antworten, sondern fuhr mit ihrer Erzählung fort.

7

Nun kam der Mann zu dem Hirten und sagte zu ihm: ›Guter Freund, hilf mir und leih mir ein wenig Feuer. Mein Weib hat eben ein Kindlein geboren, und ich muss Feuer machen, um sie und den Kleinen zu erwärmen.‹ Der Hirt hätte am liebsten Nein gesagt, aber als er daran dachte, dass die Hunde dem Manne nicht hatten schaden können, dass die Schafe nicht vor ihm davongelaufen waren und dass sein Stab ihn nicht fällen wollte, da wurde ihm ein wenig bange, und er wagte es nicht, dem Fremden das abzuschlagen, was er begehrte. ›Nimm, so viel du brauchst‹, sagte er zu dem Manne.

Aber das Feuer war beinahe ausgebrannt. Es waren keine Scheite und Zweige mehr übrig, sondern nur ein großer Gluthaufen, und der Fremde hatte weder Schaufel noch Eimer, worin er die roten Kohlen hätte tragen können.
Als der Hirt dies sah, sagte er abermals: ›Nimm, so viel du brauchst!‹ Und er freute sich, dass der Mann kein Feuer wegtragen konnte. Aber der Mann beugte sich hinunter, holte die Kohlen mit bloßen Händen aus der Asche und legte sie in seinen Mantel. Und weder versengten die Kohlen seine Hände, als er sie berührte, noch versengten sie seinen

Mantel, sondern der Mann trug sie fort, als wenn es Nüsse oder Äpfel gewesen wären.«
Aber hier wurde die Märchenerzählerin zum dritten Mal unterbrochen. »Großmutter, warum wollte die Kohle den Mann nicht brennen?« »Das wirst du schon hören«, sagte die Großmutter, und dann erzählte sie weiter.
»Als dieser Hirt, der ein so böser, mürrischer Mann war, dies alles sah, begann er sich bei sich selbst zu wundern: ›Was kann dies für eine Nacht sein, wo die Hunde die Schafe nicht beißen, die Schafe nicht erschrecken, die Lanze nicht tötet

und das Feuer nicht brennt?‹ Er rief den Fremden zurück und sagte zu ihm: ›Was ist dies für eine Nacht? Und woher kommt es, dass alle Dinge dir Barmherzigkeit zeigen?‹ Da sagte der Mann: ›Ich kann es dir nicht sagen, wenn du selber es nicht siehst.‹ Und er wollte seiner Wege gehen, um bald ein Feuer anzünden und Weib und Kind wärmen zu können. Aber da dachte der Hirt, er wolle den Mann nicht ganz aus dem Gesicht verlieren, bevor er erfahren hätte, was dies alles bedeute. Er stand auf und ging ihm nach, bis er dorthin kam, wo der Fremde daheim war. Da sah der Hirt, dass der Mann nicht einmal eine Hütte hatte, um darin zu wohnen, sondern er hatte sein Weib und sein Kind in einer Berggrotte liegen, wo es nichts gab als nackte, kalte Steinwände.

Aber der Hirt dachte, dass das arme unschuldige Kindlein vielleicht dort in der Grotte erfrieren würde, und obgleich er ein harter Mann war, wurde er davon doch ergriffen und beschloss, dem Kinde zu helfen. Und er löste sein Ränzel von der Schulter und nahm daraus ein weiches, weißes Schaffell hervor. Das gab er dem fremden Manne und sagte, er möge das Kind darauf betten.

Aber in demselben Augenblick, in dem er zeigte, dass auch er barmherzig sein konnte, wurden ihm die Augen geöffnet, und er sah, was er vorher nicht hatte sehen, und hörte, was er vorher nicht hatte hören können. Er sah, dass rund um ihn ein dichter Kreis von kleinen, silberbeflügelten Englein stand. Und jedes von ihnen hielt ein Saitenspiel in der Hand, und alle sangen sie mit lauter Stimme, dass in dieser Nacht der Heiland geboren wäre, der die Welt von ihren Sünden erlösen solle.
Da begriff er, warum in dieser Nacht alle Dinge so froh waren, dass sie niemand etwas zuleide tun wollten.

Und nicht nur rings um den Hirten waren Engel, sondern er sah sie überall. Sie saßen in der Grotte, und sie saßen auf dem Berge, und sie flogen unter dem Himmel. Sie kamen in großen Scharen über den Weg gegangen, und wie sie vorbeikamen, blieben sie stehen und warfen einen Blick auf das Kind.
Es herrschte eitel Jubel und Freude und Singen und Spiel, und das alles sah er in der dunklen Nacht, in der er früher nichts zu gewahren vermocht hatte. Und er wurde so froh, dass seine Augen geöffnet waren, dass er auf die Knie fiel und Gott dankte.«

Aber als Großmutter so weit gekommen war, seufzte sie und sagte: »Aber was der Hirte sah, das könnten wir auch sehen, denn die Engel fliegen in jeder Weihnachtsnacht unter dem Himmel, wenn wir sie nur zu gewahren vermögen.«
Und dann legte Großmutter ihre Hand auf meinen Kopf und sagte: »Dies sollst du dir merken, denn es ist so wahr, wie dass ich dich sehe und du mich siehst. Nicht auf Lichter und Lampen kommt es an, und es liegt nicht an Mond und Sonne, sondern was nottut, ist, dass wir Augen haben, die Gottes Herrlichkeit sehen können.«

8

Ein Weihnachtsgast

Einer von denjenigen, welche als Kavaliere auf Ekeby gelebt hatten, war der kleine Ruster, der Noten transponieren und Flöte spielen konnte. Er war aus niederem Stande und arm, ohne Heimat und ohne Angehörige. Es kamen schwere Zeiten für ihn, als die Kavalierschar sich zerstreute. Er hatte nun nicht länger Pferd und Wagen, weder Pelz noch Esskorb. Er musste zu Fuß von Hof zu Hof gehen und trug seine Habe in einem blau gewürfelten Baumwollenschnupftuche eingeknotet. Den Rock knüpfte er bis unter das Kinn

zu, damit keiner sehen konnte, wie es mit Hemd und Weste bestellt war, und in seinen weiten Taschen verwahrte er seine kostbarsten Güter: die auseinandergeschobene Flöte, die flache Taschenflasche und die Notenfeder.
Sein Beruf war das Notenabschreiben, und wenn alles noch so wie in alten Zeiten gewesen wäre, würde es ihm nicht an Arbeit gefehlt haben. Doch mit jedem Jahre, das dahinging, wurde droben in Värmland weniger Musik getrieben. Die Gitarre mit ihrem morschen Seidenbande und das gewundene Waldhorn mit verblichenen Quasten und Schnü-

ren wurden in die Rumpelkammer auf den Boden gebracht, und der Staub legte sich zolldick auf die langen, eisenbeschlagenen Geigentasten. Doch je weniger der kleine Ruster mit der Flöte zu tun hatte, desto mehr musste er sich mit der Taschenflasche beschäftigen, und schließlich wurde er der reine Säufer. Es war sehr schade um den kleinen Ruster. Einstweilen wurde er auf den Gütern noch als ein alter Freund aufgenommen, doch es herrschte Trauer, wenn er kam, und Freude, wenn er ging. Er roch nach Schnaps und Branntwein, und sowie er ein paar Appetitschnäpse oder ein Glas Grog getrunken hatte, bekam er einen Spitz und erzählte widerwärtige Geschichten. Er war die Plage der gastfreien Gutshöfe.

Einmal um Weihnachten ging er nach Löfdala, wo Liljekrona, der große Geigenspieler, wohnte. Liljekrona war auch einer der Ekebykavaliere gewesen, doch nach dem Tode der Majorin war er auf sein schönes Gut Löfdala gezogen und dort geblieben. Jetzt kam Ruster in den Tagen vor Heiligabend, mitten in der Räumerei, zu ihm und bat um Arbeit. Liljekrona beschäftigte ihn mit dem Abschreiben einiger Notenhefte.

»Du hättest ihn lieber gleich wieder gehen lassen sollen«, sagte Liljekronas Gattin, »jetzt wird er die Arbeit wohl so langsam ausführen, dass wir ihn Heiligabend hierbehalten müssen.«

»Irgendwo muss er ihn ja verleben«, antwortete Liljekrona. Und er setzte Ruster Grog und Branntwein vor, leistete ihm beim Trinken Gesellschaft und lebte die ganze Elebyzeit wieder mit ihm durch. Doch er war verstimmt, und der Gast war ihm wie allen anderen zuwider, wenn er es sich auch nicht merken lassen wollte, weil ihm alte Freundschaft und Gastfreiheit heilig waren.

In Liljekronas Heim aber rüstete man sich seit drei Wochen zum Empfang des Christkindes. Man hatte in Ungemütlichkeit und Hetzerei mit Arbeit gelebt, sich die Augen bei Talglichtern und Kienspänen rot gewacht, im Vorratshause beim Fleischeinsalzen und im Brauhause beim Bierbrauen gefroren. Doch sowohl die Hausfrau wie die Dienerschaft hatten alles dieses ohne Murren hingenommen. Wenn alle Arbeit fertig war und der Heilige Abend kam, würde sich ein süßer Zauber auf sie herabsenken. Das Weihnachtsfest würde die Wirkung haben, dass Scherz und Neckerei, Reime und lustige Reden ihnen ganz ohne Anstrengung auf die Zunge kämen. Jeder Fuß würde Lust verspüren, sich im Tanze zu drehen, und aus den dunklen Winkeln des Gedächtnisses würden die Worte und Melodien der Reigen hervorschlüpfen, obwohl man jetzt gar nicht glauben konnte, dass sie noch dort vorhanden seien. Und dann würden sie alle gut, ach so gut sein.

Doch wie nun Ruster kam, hatten sämtliche Hausgenossen in Löfdala das Gefühl, dass ihnen das Weihnachtsfest gestört werden würde. Die Hausfrau, die älteren Kinder und die langjährigen Diener waren alle gleicher Meinung. Ruster erregte in ihnen erstickende Angst. Sie fürchteten überdies, dass, wenn er und Liljekrona die alten Erinnerungen wieder zu durchleben anfingen, das Künstlerblut in dem großen Geiger aufwallen und sein Heim ihn verlieren würde. Früher hatte er es ja nie lange daheim ausgehalten.

9

Niemand kann beschreiben, wie der Hausherr, seit sie ihn ein paar Jahre ganz hatten behalten dürfen, jetzt auf dem Gute geliebt wurde. Und was gab er ihnen auch! Wie viel war er den Seinen, vor allem im Weihnachtsfeste! Er hat seinen Platz nicht auf einem Sofa, oder in einem Schaukelstuhl, sondern auf einer hohen, schmalen, glatt gescheuerten Holzbank in der Kaminecke. Wenn er dort saß, ritt er auf Abenteuer aus. Er fuhr rund um die Erde, stieg zu den Sternen empor und flog noch höher. Er spielte und erzählte abwechselnd, und alle Hausgenossen versammelten sich um ihn und hörten zu. Das ganze Leben wurde stolz und schön, wenn der Reichtum dieser einen Seele es bestrahlte.

Daher liebten sie ihn, wie sie das Weihnachtsfest, den Frohsinn und die Frühlingssonne liebten. Und als der kleine Ruster kam, war ihr Weihnachtsfrieden gestört. Wenn er den Hausherrn fortlockte, hatten sie vergeblich gearbeitet. Es war ungerecht, dass der Säufer in einem frommen Hause am Weihnachtstische sitzen und alle Weihnachtsfreude verderben durfte.

Am Vormittage des Heiligen Abends war der kleine Ruster mit dem Notenschreiben fertig und sagte nun einige Worte vom Fortgehen, obwohl er natürlich die Absicht hatte zu bleiben. Liljekrona war von der allgemeinen Verstimmung beeinflusst worden und sagte daher recht lau und gleichgültig, es sei wohl das Beste, dass Ruster das Weihnachtsfest über bleibe, da er ja einmal hier sei.

Der kleine Ruster war ein stolzer Hitzkopf. Er zwirbelte seinen Schnurrbart und warf das schwarze Künstlerhaar, das wie eine dunkle Wolke über seiner Stirn lag, zurück. Was Liljekrona damit sagen wollte? Solle er nur bleiben, weil er sonst nirgends hinkönne? Oh, bitte sehr, auf den großen Hammerwerken im Kirchspiele Bro werde er sehnsüchtig erwartet! Das Fremdenzimmer sei in Ordnung, der Bewillkommnungsbecher gefüllt. Er habe es sehr eilig. Er wisse nur nicht, zu wem er zuerst fahren solle.

»Du liebe Zeit«, antwortete Liljekrona, »du kannst gern fahren.«

Nach dem Mittagessen bat der kleine Ruster um Pferd und Schlitten, Pelz und Fußsack. Ein Knecht aus Löfdala sollte ihn nach irgendeinem Orte im Broer Kirchspiele fahren und das Pferd schnell antreiben, da es nach Schneegestöber aussah.

Niemand glaubte, dass er erwartet werde oder dass es in der Gegend auch nur ein einziges Haus gebe, in welchem er willkommen war. Doch sie wollten ihn so gern los sein, dass sie sich dies verhehlten und ihn fahren ließen. »Er hat es selbst gewollt«, sagten sie. Und dann dachten sie, jetzt wollten sie fröhlich sein. Doch als sie sich gegen fünf Uhr im Saale versammelten, um Tee zu trinken und um den Christbaum zu tanzen, war Liljekrona still und verstimmt. Er setzte sich nicht auf die Abenteuerbank, er rührte weder Tee noch Punsch an, er konnte sich keiner Polska erinnern und die Geige war nicht in Ordnung. Die, welche in der Stimmung seien zu tanzen und zu spielen, möchten es ohne ihn tun.

Da wurde die Hausfrau unruhig, da wurden die Kinder verdrießlich, alles im ganzen Hause ging verkehrt. Es wurde ein sehr trüber Heiligabend. Die Grütze käste[1], die Lichter zischten, die Holzscheiter rauchten, der Wind brachte Schneetreiben und wehte recht bittere Kälte in die Zimmer. Der Knecht, der den kleinen Ruster gefahren hatte, kam nicht wieder. Die Haushälterin weinte, die Mägde zankten sich.

Schließlich fiel es Liljekrona ein, dass keine Garbe für die Sperlinge hingelegt worden sei, und er beklagte sich

---

1 käsen = zu Käse werden, verklumpen.

laut, dass alle Weiber seines Haushaltes alte Bräuche fallen ließen und neumodisch und herzlos seien. Sie aber begriffen recht gut, dass das, was ihn quälte, Gewissensbisse darüber waren, dass er den kleinen Ruster am Heiligabende selbst hatte abreisen lassen.

10

Plötzlich ging er nach seinem Zimmer, schloß die Tür hinter sich und begann zu spielen, wie er, seit er zu wandern aufgehört, nicht gespielt hatte. Hass und Hohn, Sehnsucht und Sturm lag darin. »Ihr dachtet, mich zu binden, aber ihr müsst andere Fesseln dazu schmieden. Ihr dachtet, mich kleinlich zu machen, wie ihr es selbst seid. Doch ich ziehe hinaus in das Große, in das Freie, Alltagsmenschen, Haussklaven, fangt mich, wenn es in eurer Macht steht!«
Als die Hausfrau diese Töne hörte, sagte sie: »Morgen ist er fort, wenn Gott nicht heute nacht ein Wunder tut. Jetzt hat unsre Ungastlichkeit ge-

rade das bewirkt, was wir vermeiden zu können glaubten.«

Inzwischen fuhr der kleine Ruster im Schneetreiben umher. Er fuhr von einem Gute zum andern und fragte, ob man dort Beschäftigung für ihn habe, wurde aber nirgends aufgenommen. Er wurde nicht einmal zum Aussteigen aufgefordert. Einige hatten das Haus voll Besuch, andere wollten am ersten Festtage selbst verreisen. »Fahre zum nächsten Nachbar«, sagten sie alle.

Er konnte gern kommen, wenn er ihnen nur die Gemütlichkeit einiger Alltage störte, aber nicht am Heiligabend. Das Jahr hatte nur einen Heiligen Abend, und auf diesen hatten die Kinder sich schon den ganzen Herbst gefreut. Diesen Menschen konnte man doch nicht mit Kindern an einen Weihnachtstisch setzen. Früher hatten sie ihn gern aufgenommen, aber jetzt, seit er so trank, nicht mehr. Was sollte man auch mit dem Gesellen anfangen? Die Knechtstube war nicht gut genug für ihn und der Salon zu fein.

So musste der kleine Ruster in dem peitschenden Schneetreiben von Hof zu Hof fahren. Der nasse Schnurrbart hing ihm schlaff über die Lippen herab, seine Augen waren gerötet und trübe, doch der Branntwein wurde aus seinem Gehirn verweht. Er fing an zu grübeln und zu staunen. War es möglich, dass keiner ihn aufnehmen wollte? Da sah er plötzlich sich selbst. Er sah, wie erbärmlich und heruntergekommen er war, und er begriff, dass er den Menschen verhasst sein müsste. »Mit mir ist es vorbei«, dachte er. »Mit dem Notenschreiben, mit der Flöte ist es vorbei. Niemand auf Erden bedarf meiner, niemand hat Mitleid mit mir.«

Das Schneegestöber kreiste und spielte, riss die Wehen auf und schüttete sie wieder zu, nahm eine Schneesäule in den Arm und tanzte mit ihr über das Feld, wirbelte eine Flocke bis zu den

Wolken empor und trieb eine andere tief in eine Grube hinein. »So geht es, so geht es«, sagte der kleine Ruster, »solange man tanzt und umherwirbelt, ist es Spiel, wenn man aber in die Schneewehe hinuntersoll, um dort eingebettet und vergessen zu werden, dann wird es Betrübnis und Kummer.« Doch hinuntermüssen wir alle, und jetzt war die Reihe an ihm. Ja, jetzt war er am Ende. –

Er fragte nicht mehr, wohin der Knecht ihn bringe. Es war ihm, als fahre er in das Land des Todes hinein.

Der kleine Ruster verbrannte während dieser Fahrt keine Götter. Er verwünschte weder das Flötenspiel noch das Kavalierleben, er dachte nicht, dass es besser für ihn gewesen wäre, wenn er den Acker gepflügt oder Schuhe besohlt hätte. Doch darüber klagte er, dass er jetzt ein ausgespieltes Instrument sei, von dem der Frohsinn keinen Gebrauch mehr machen könne. Er klagte niemand an, denn er wusste, dass ein zersprungenes Waldhorn und eine Gitarre, die sich nicht mehr stimmen lässt, fortgeworfen werden müssen. Er wurde auf einmal ein sehr demütiger Mensch. Er begriff, dass es jetzt, am Heiligabend, mit ihm zu Ende gehen werde. Der Hunger oder die Kälte würde ihn töten, denn er verstand nichts, taugte zu nichts und hatte keine Freunde. Da hält der Schlitten, und auf einmal ist es hell um ihn her, er hört freundliche Stimmen, wird in eine warme Stube geführt, und jemand gibt ihm heißen Tee zu trinken. Der Pelz wird ihm ausgezogen, und mehrere Stimmen heißen ihn willkommen, während warme Hände Leben in seine erstarrten Finger reiben. Er wurde von allem diesen so verwirrt, dass es wohl eine Viertelstunde dauerte, ehe er sich wieder besinnen konnte. Er konnte gar nicht begreifen, dass er sich wieder in Löfdala befand. Es war ihm gar nicht klar geworden, dass der Knecht, des Umherfahrens im Schneegestöber überdrüssig, nach Hause zurückgekehrt war.

11

Ebensowenig begriff er, weshalb er jetzt in Liljekronas Hause so freundlich empfangen wurde. Er konnte nicht wissen, dass Liljekronas Gattin verstand, welch schwere Fahrt er an diesem Heiligabend gemacht, um an jeder Tür, an die er geklopft, abgewiesen zu werden. Sie empfand so großes Mitleid mit ihm, dass sie ihre eigene Sorge darüber vergaß. Liljekrona setzte drinnen in seinem Zimmer das wilde Spielen fort. Er wusste nicht, dass Ruster wieder da war. Dieser saß unterdessen mit der Hausfrau und den Kindern im Saale. Das Gesinde, das dort am Heiligabend ebenfalls zu sein pflegte, hatte sich vor der trüben Stimmung, die drinnen bei der Herrschaft herrschte, in die Küche geflüchtet.

Die Hausfrau stellte Ruster sofort an. »Ruster«, sagte sie, »Er hört wohl, dass Liljekrona den ganzen Abend nichts weiter tut als spielen. Ich muss das Decken überwachen und nach dem Essen sehen. Die Kinder sind ganz allein. Er muss sich um die beiden kleinsten kümmern.«

Kinder waren die Art Menschen, mit der Ruster am wenigsten verkehrt hatte. Er hatte sie weder im Kavalierflügel noch im Soldatenzelte, weder im Kruge noch auf der Landstraße angetroffen. Er war beinahe blöde vor ihnen und wusste nicht, was er sagen sollte, das fein genug für sie wäre. Er zog die Flöte hervor und lehrte sie auf Löchern und Klappen fingern. Es waren ein vierjähriger und ein sechsjähriger Knabe. Sie erhielten eine Lektion auf der Flöte und schienen sich sehr dafür zu interessieren. »Dies ist A«, sagte Ruster, »und dies ist C.« Und dann blies er die Töne. Da wollten die Kleinen wissen, was das für ein A und ein C sei, das gespielt werden sollte.

Ruster holte nun Notenpapier aus der Tasche und zeichnete ihnen beide Noten auf. »Nein«, sagten sie, »das ist nicht richtig.« Und sie liefen nach einem Abc-Buche.

Da begann der kleine Ruster ihnen das Alphabet zu verhören. Sie konnten und konnten es nicht. Mit dem Wissen war es kümmerlich bestellt. Ruster geriet in Eifer, nahm die Knaben auf je ein Knie und fing an, sie zu unterrichten. Liljekronas Gattin, die aus und ein ging, hörte ganz erstaunt zu. Es klang wie Spiel, und die Kinder lachten immerfort, aber sie lernten. Ruster setzte den Unterricht eine Weile fort, doch er war nicht recht bei der Sache. Ihn beschäftigten die alten Gedanken vom Schneetreiben draußen. Hier war es schön und gemütlich, aber mit ihm war es ja doch vorbei. Er war verbraucht. Er würde fortgeworfen werden. Und plötzlich verbarg er das Gesicht in den Händen und begann zu weinen.

Liljekronas Gattin trat schnell zu ihm. »Ruster«, sagte sie, »ich kann verstehen, dass Er glaubt, mit Ihm sei es aus. Mit der Musik geht es nicht mehr, und Er ruiniert sich mit dem Branntwein. Doch das Ende ist noch nicht da, Ruster.«

»Doch«, schluchzte der kleine Flötenspieler.

»Sieh Er, so bei den Kleinen sitzen wie heute abend, das wäre etwas für Ihn.

Wenn Er Kinder im Lesen und Schreiben unterrichtete, würde Er wieder überall willkommen sein. Das sind keine schlechteren Instrumente zum Spielen, Ruster, als Flöte und Geige. Sieh Er sie an, Ruster!« Sie stellte die beiden Kleinen vor ihn hin, und er sah auf, blinzelnd, als habe er in die Sonne geblickt. Seinen kleinen, trüben Augen schien es schwer zu werden, den großen, hellen, unschuldigen der Kinder zu begegnen.

»Sieh Er sie an, Ruster«, ermutigte ihn Liljekronas Gattin.

»Ich wage es nicht«, antwortete Ruster, dem es ein Fegefeuer war, durch die schönen Kinderaugen in die

Schönheit der unbefleckten Seelen hineinzuschauen.
Da lachte Liljekronas Gattin laut und fröhlich. »So soll Er sich daran gewöhnen, Ruster. Er kann dieses Jahr als Schulmeister in meinem Hause bleiben.«
Liljekrona hörte seine Gattin lachen und kam aus seinem Zimmer. »Was gibt's?«, fragte er. »Was gibt's?«
»Nichts weiter«, erwiderte sie, »als dass Ruster wiedergekommen ist und ich ihn als Schulmeister für unsere kleinen Buben angenommen habe.«
Liljekrona war ganz verdutzt. »Getraust du dich«, sagte er, »wagst du

es? Hat er versprochen, das – zu lassen ...?«

»Nein«, antwortete die Gattin, »Ruster hat nichts versprochen. Doch er wird sich vor vielem hüten müssen, wenn er täglich den Kleinen in die Augen sehen soll. Wenn es nicht Weihnachten gewesen wäre, hätte ich es wohl nicht gewagt, doch wenn unser Herrgott es gewagt hat, ein kleines Kind, das noch dazu sein eigener Sohn war, unter uns Sünder zu versetzen, so kann auch ich mich wohl getrauen, meine Kleinen versuchen zu lassen, einen Menschen zu retten.«

Liljekrona brachte kein Wort hervor, aber es zuckte in jeder Runzel seines

Gesichtes, wie immer, wenn er etwas Großartiges hörte.
Dann küsste er seine Frau so unterwürfig wie ein um Verzeihung bittendes Kind die Hand und rief laut: »Alle Kinder sollen herkommen und Mutter die Hand küssen!«
Das taten sie, und nachher wurde ein fröhliches Weihnachtsfest in Liljekronas Heim gefeiert.

12

Die Mausefalle

Es war einmal ein Mann, der herumzog und kleine Mausefallen aus Stahldraht verkaufte. Er verfertigte sie selbst in seinen Mussestunden, und das Material erbettelte er sich in Kramläden oder in den größeren Bauernhöfen, sodass die Herstellungskosten so gering als möglich waren. Aber dessen ungeachtet war das Geschäft wohl nicht besonders einträglich, und er musste es bisweilen mit Betteln und Stibitzen probieren, um nur sein Leben zu fristen. Auch das wollte nicht recht reichen. Die Kleider hingen ihm immer in Fetzen vom

Leibe, die Wangen waren eingefallen, und der Hunger leuchtete ihm aus den Augen.

Niemand kann sich vorstellen, wie öde und einförmig das Leben eines solchen Wandersmanns zu verlaufen pflegt, aber manchmal passierte ihm doch das eine oder andere Abenteuer, das sein Dasein ein wenig erhellte. So erblickte er, als er eines dunklen Abends unterwegs war, eine kleine graue Hütte, die dicht am Wegesrand lag, und klopfte an, um Nachtherberge zu erbitten. Die wurde ihm auch nicht verweigert. Ja, anstatt der saueren Mienen, die ihn sonst zu begrüßen pflegten, wenn er in eine Stube kam, schien der Eigentümer, der ein freundlicher alter Mann ohne Weib und Kind war, sehr erfreut, dass jemand ihm in seiner Einsamkeit Gesellschaft leisten wollte. Vor allem einmal stellte er den Breitopf auf das Feuer und bot ihm ein Abendbrot. Dann schnitt er von einer Tabaksrolle so viel herunter, dass es zum Stopfen der Pfeife des Fremden und seiner eigenen langte, und schließlich nahm er ein altes Kartenspiel hervor und spielte mit dem Gast bis zur Schlafenszeit Sechsundsechzig.

So freigebig er mit Grütze und Tabak gewesen war, war er auch mit seinem Vertrauen. Noch bevor das Wasser im Kessel aufkochte, hatte der Gast schon erfahren, was für ein Mann er war und wie es ihm erging. In den Tagen seiner Kraft war er Tagelöhner auf dem Gute Ramsjö gewesen. Jetzt, wo er nicht mehr arbeiten konnte, war es seine Kuh, die ihn ernährte. Mitten im Spiel legte er mehrmals die Karten weg, um von dieser Kuh zu erzählen, die so maßlos viel Milch gab. Er brachte sie jeden Tag in die Meierei, und vorigen Monat hatte er ganze dreißig Kronen dafür eingeheimst.

Der fremde Mann musste wohl ein misstrauisches Gesicht gemacht haben, als er dies hörte, denn der Alte sprang gleich auf, ging zum Fenster und nahm einen Lederbeutel herunter, der an einem Nagel am Fensterkreuz hing. Er kramte drei zerknitterte Zehnkronenscheine heraus, hielt sie dem Gast vor die Augen, nickte bedeutsam und steckte sie wieder in den Beutel.

Am nächsten Tage standen die beiden Männer frühzeitig auf. Der Kätner hatte es eilig, seine Kuh zu melken und die Milch in die Meierei zu tragen, und der andere fand wohl nicht, dass es sich so recht schickte, liegen zu bleiben, wenn sein Gastgeber aufgestanden war. Sie verlie-

ßen also gleichzeitig das Häuschen. Der Kätner sperrte die Tür zu und steckte den Schlüssel in die Tasche. Der Mann mit der Mausefalle sagte Dank schön und Behüt Gott, und damit wanderte jeder nach einer anderen Seite von dannen.
Aber als eine halbe Stunde vergangen war, stand der zerlumpte Hausierer wieder vor dem Häuschen. Er versuchte nicht hineinzukommen. Er ging nur zum Fenster, zerklopfte eine der Scheiben, steckte die Hand hinein und erfasste den Beutel mit dem Geld. Dann nahm er die drei Zehner heraus und steckte sie zu sich. Hierauf hängte er den Lederbeutel fein

säuberlich an seinen Platz zurück
und verschwand in den Wald.

13

Als der Mausefallenhändler mit dem Geld in der Tasche weiterwanderte, fühlte er nicht die gewohnte Genugtuung über einen gelungenen Streich. »Das ist doch ein Hundeleben«, seufzte er, »pfui Teufel, stehlen müssen, um nur am Leben zu bleiben. Es macht mir eigentlich nichts aus, den Bauern und den Herrschaften etwas zu stibitzen, aber wenn's über einen hergeht, der beinah ein ebenso armer Schlucker ist wie unsereins selbst, da kriegt man einen ganz bitteren Geschmack im Mund.«

Das Unbehagen, das er empfand, wurde noch durch den Gedanken verstärkt, dass er jetzt eine Zeitlang die große Heerstraße vermeiden und sich auf einsamen Seitenwegen durch die Wälder schleichen musste, bis er in einen anderen Teil des Landes kam.

»Ja, ja, so geht's, wenn eins immer nur ans tägliche Brot denken muss«, murmelte er. »Hätte der Kerl nicht so viel Verstand haben können, sein Geld einzustecken, wenn er von daheim weggeht! Ich hab' ja nichts gegen ihn gehabt, er ist besser zu mir gewesen als irgendwer anderer, aber wenn er mir das Geld gerad in den Weg wirft, so muss ich's ja nehmen.«

Er hatte im Laufe des Tages noch mehr als einmal Anlass, so zu klagen, denn es war ein großer, irrsamer Wald, in den er da gekommen war. Freilich versuchte er die ganze Zeit eine bestimmte Richtung einzuhalten, aber die Pfade schlängelten sich hin und her. Er hatte beinahe das Gefühl, dass er sich immer nur rings im Kreise drehte und überhaupt nicht vom Fleck kam.
Er ging und ging den ganzen Tag, ohne dass der Wald sich lichtete. Spät im Dezember, wie es nun war, wurde es schon gegen fünf Uhr dunkel, und nun begann eine Wanderung in der Finsternis über Stock und

Stein, Sumpf und Morast, die wirklich schauerlich zu nennen war. Der Mann hielt sich, solange er konnte, aufrecht, aber schließlich sank er auf den Waldboden nieder, ganz aufgelöst von Müdigkeit.

Aber im selben Augenblick, in dem er den Kopf auf die Erde bettete, hörte er ein Geräusch. Ein hartes, regelmäßiges Pochen. Da war kein Zweifel möglich. Er setzte sich auf. »Das ist ein Eisenhammer«, sagte er. »Hier müssen Leute in der Nähe sein.«

Mit dem Aufgebot seiner letzten Kräfte erhob er sich und begann dem Laut nach weiterzuwanken.

14

Das Eisenwerk Ramsjö, das nun so ziemlich aufgelassen ist, stand dazumal in voller Blüte mit Schmelzöfen, Walzwerk und Gießerei. Schwere Prahme und Jollen drängten sich zur Sommerszeit auf dem vorbeigleitenden Kanal, und im Winter waren die Straßen weit im Umkreis schwarz von dem Kohlenstaub, der aus den beständig dahingleitenden Kohlenfuhren herabrieselte.

In einer der langen dunklen Nächte gerade vor Weihnachten saßen der Schmiedemeister und sein Gehilfe in der schwarzen Schmelzschmiede und warteten darauf, dass das

Eisen, das in der Esse erhitzt wurde, weiß glühend genug war, um auf den Amboß gelegt zu werden. Von Zeit zu Zeit stand einer von ihnen auf, um Kohlen in den Ofenrachen zu schaufeln oder um mit einem langen Eisenspieß in die glühende Masse zu stoßen, und kam dann nach einigen Augenblicken schweißbedeckt zurück, obwohl er nach hergebrachtem Brauch nichts anderes anhatte als ein langes Hemd und ein Paar Holzpantinen.

Die ganze Zeit war die Schmiede von Geräuschen erfüllt. Der große Blasebalg knackte, die brennenden Kohlen knisterten. Der Kohlenjunge, der unaufhörlich Kohlen hereinbrachte, die er in die Kohlengrube schleuderte, hatte ein knirschendes Rad an seinem Karren.

Vor den Mauern donnerte der Wildbach, und ein barscher Nordwind schleuderte prasselnde Regenschauer gegen die Ziegel des Schmiededaches.

So war es nicht zu verwundern, dass die Männer erst merkten, dass ein Wanderer die Türe geöffnet hatte und in die Schmiede gekommen war, als er dicht vor ihnen stand.

Aber sicherlich war es für sie nichts Ungewohntes, dass arme Landstreicher, die kein besseres Nachtquartier gefunden hatten, von dem Lichtschein angelockt wurden, der sich durch die geschwärzten Scheiben hinausstahl, und in die Schmiede kamen, um die Wärme des Herdes zu genießen und sich für ein paar Stunden der Ruhe auf dem mit Kleinkohle bedeckten Erdboden auszustrecken. Sie warfen dem Neuangekommenen nur einen gleichgültigen Blick zu. Ja, ja, das war wieder einer von der üblichen Sorte, langbärtig, abgerissen und schmutzig, mit Schuhen, die sich von den Füßen trennen und den weiteren Dienst versagen wollten. Auch wandten sie weiter kein Mitleid an ihn. Wenn ein Mann, der nicht mehr als vierzig zu sein scheint und dazu groß und gut gebaut ist, sich durchbettelt, anstatt seine Hände zur Arbeit zu gebrauchen, so geschieht ihm schon ganz recht. Keiner von ihnen dankte für den Gruß des Mannes, und auf seine Frage, ob es erlaubt sei, ein bisschen zu bleiben und sich zu wärmen, erwiderte der Schmiedemeister nur mit dem allerherablassendsten Blick.

Es half nicht viel, dass der Wandersmann das Bündel Mausefallen, die über seiner linken Schulter hingen, höher auf die breite Brust hinaufschob, so als rückte er einen Ordensstern zurecht. Nein, die Schmiede wollten sich durchaus nicht einreden lassen, dass er etwas anderes als ein gewöhnlicher Bettler war, und ließen sich nicht herab, ihm ein Wort zu schenken.

Der Mausefallenhändler verhielt sich ebenfalls still. Worauf es ihm ankam, war ja nicht zu schwatzen, sondern in der Schmiede zu bleiben und sich zu wärmen.

Aber damals wurde das Werk Ramsjö von einem prächtigen Besitzer geleitet, der keinen höheren Ehrgeiz hatte, als wirklich gutes Eisen auf den Markt zu bringen, und Tag und Nacht darüber wachte, dass die Arbeit in dem Werk auf die beste Weise verrichtet wurde. Und der kam gerade jetzt auf einer seiner gewöhnlichen Nachtrunden in die Schmiede.

15

Das Erste, was er sah, war natürlich der hochgewachsene Landstreicher, der sich so nahe dem Ofen niedergehockt hatte, dass der Dampf von seinen durchnässten Lumpen aufstieg.
Und er warf ihm nicht nur einen gleichgültigen Blick zu wie die Schmiede, sondern ging dicht an ihn heran und betrachtete ihn prüfend. Und plötzlich riss er ihm den Schlapphut vom Kopfe, um ihm besser in die Augen sehen zu können.
»Aber das bist du ja selbst, Niels Olof«, rief er. »Wie du aussiehst!«
Der mit den Mausefallen hatte den Gutsherrn von Ramsjö nie im Leben

gesehen und wusste nicht einmal, wie er hieß. Aber er sagte sich sofort, dass, wenn dieser feine Herr ihn für einen alten Bekannten hielt, er ihm vielleicht ein paar Kronen schenken würde, und darum wollte er ihn nicht gleich wieder aus seinem Irrtum reißen.

»Ja, mit mir ist's bergab gegangen, weiß Gott«, sagte er.

»Du hättest eben nie deinen Abschied vom Regiment nehmen sollen«, sagte der Gutsherr. »Das war der ganze Fehler. Wenn ich nur noch aktiv gewesen wäre, hätte das nie geschehen dürfen. Aber jetzt kommst du natürlich mit zu mir nach Hause?«

Aber mit in den Herrenhof zu kommen und dort als alter Regimentskamerad des Besitzers empfangen zu werden, das war nicht so recht nach dem Geschmack des Mausefallenhändlers.

»Aber nein, aber nein«, sagte er und sah gewaltig erschrocken drein. »Das geht keinesfalls …«

Als der andere sah, dass er sich so zierte, begann er hellauf zu lachen. »Du darfst nicht glauben, dass es bei mir daheim so hochherrlich zugeht, dass du dich da nicht zeigen kannst«, sagte er. »Elisabeth ist tot, das hast du vielleicht gehört, die Jungens sind im Ausland, und so hausen nur ich und meine älteste Tochter auf dem Herrenhof. Wir haben uns gerade darüber beklagt, dass wir in den Feiertagen so ganz allein sein werden. Komm jetzt, dann wird wenigstens den Weihnachtsspeisen mehr Ehre angetan werden!«

Aber der Fremde blieb bei seinem Nein, Nein, Nein, und als der Gutsherr in ihn drang, schien er drauf und dran, die Flucht ergreifen zu wollen. Da sah der Gutsherr, dass da nichts zu machen war.

»Mir scheint, Rittmeister von Stahle will heute nacht lieber bei dir bleiben, Stjärnström, als zu mir kommen«, sagte er zum Schmiedemeister, »da musst du ihm schon Nachtlogis geben.«

Damit ging er, leise lachend, seiner Wege, und die Schmiede, die ihn gut kannten, wussten wohl, dass er noch nicht sein letztes Wort gesprochen hatte.

Es dauerte auch nicht mehr als eine halbe Stunde, als sie das Rollen von Wagenrädern hörten und ein neuer Gast zur Türe hereinkam. Aber diesmal war es nicht der Hüttenherr selbst, der kam, sondern er hatte seine Tochter geschickt offenbar in der Erwartung, dass ihre Überredungskunst größer sein würde. Sie kam herein, von einem Bedienten gefolgt, der einen großen Herrenpelz trug. Sie war durchaus nicht schön zu nennen, sie sah unansehnlich und scheu aus, und ihr Blick war ernst und schwermütig.

In der Schmiede sah es ungefähr so aus wie zuvor. Der Schmiedemeister und der Gehilfe saßen noch auf ihrer Bank, und im Ofen knisterte und brannte es. Der Fremde hatte sich auf dem Boden ausgestreckt. Er lag da, einen Eisenklumpen unter dem Kopf, den Hut über dem Gesicht.

Sowie die Gutsbesitzerstochter ihn erblickt hatte, ging sie auf ihn zu und hob den Hut von seinem Gesicht. Der Mann war wohl einer von jenen, die es gewohnt sind, nur mit einem Auge zu schlafen, er war augenblicklich wach und stand sofort vor ihr.

»Ich heiße Edla Willmanson«, sagte das junge Mädchen. »Mein Vater sagte, dass der Herr Rittmeister heute nacht hier in der Schmiede schlafen will, und da bat ich ihn, herfahren und den Herrn Rittmeister mit zu uns nach Hause bringen zu dürfen. Es tut mir so leid, dass der Herr Rittmeister es so schwer hat. Mein Vater sagte, dass der Herr Rittmeister das Regiment wegen Gewissensskrupeln verlassen hat.«

Sie heftete ihren tiefen Blick mit mitleidiger Bewunderung auf ihn. Und der zerlumpte Kerl dachte bei sich selbst, dass, wenn die feinen Herrschaften sich so viel Mühe machten, damit er zu ihnen käme, es wohl undankbar von ihm wäre, sich weiter zu spreizen. Es konnte ja ganz schön sein, einmal im Leben in einem Herrschaftsbett zu schlafen.

»Das hätte ich mir aber doch nie gedacht, dass das gnädige Fräulein selbst sich die Mühe machen wird, meiner wegen bei der Nacht in die Schmiede zu kommen«, sagte er, »ja, dann geh' ich halt doch mit.«

Damit nahm er den Pelz, den ihm der Bediente mit einer tiefen Verbeugung reichte, warf ihn über seine

Lumpen, und ohne den erstaunten Männern in der Schmiede auch nur einen Blick zu gönnen, ging er an der Seite des jungen Mädchens zum Wagen hinaus.

16

Der nächste Tag war der Heilige Abend. Und als Hüttenherr Willmanson zum Frühstück in den Speisesaal kam, dachte er mit erwartungsvoller Freude an den alten Regimentskameraden, der ihm so recht gelegen und passend in den Weg gekommen war.

»Jetzt soll er sich zuerst ordentlich bei uns anessen«, sagte er zu seiner Tochter, die irgendetwas auf dem Speisetisch ordnete, »dann will ich schon dafür sorgen, dass er eine bessere Beschäftigung findet, als im Lande herumzuziehen und Mausefallen zu verkaufen.«

»Es ist doch merkwürdig, wie rasch es mit ihm bergab gegangen ist«, sagte die Tochter. »Gestern erinnerte aber auch gar nichts an ihm daran, dass er ein gebildeter Mann ist.«

»Warte nur, mein Kind«, sagte der Vater. »Wenn er nur erst ordentlich herausgeputzt ist, wirst du schon anders sprechen. Gestern war er befangen, verstehst du? Die Vagabundenmanieren fallen mit den Vagabundenkleidern.«

Gerade als der Hausherr dies sagte, ging die Türe auf, und der ehemalige Mausefallenhändler kam herein. Ja, das war sicher. Herausgeputzt war er. Der Bediente hatte ihm die Haare geschnitten, ihn rasiert und gebadet, er war so rein, dass er förmlich blinkte. Außerdem trug er ganze Schuhe und Strümpfe, ein weißes Hemd mit einem gestärkten Kragen und einen hübschen Sakkoanzug, den der Gutsherr von Ramsjö ihm geliehen hatte.

Aber obgleich er so fein herausstaffiert war, schien der Hausherr nicht recht zufrieden. Er betrachtete seinen Gast mit zusammengezogenen Augenbrauen.

Denn man muss bedenken, als er den fremden Mann in dem flackernden Feuerschein der Schmiede erblickte, hatte er ihn freilich leicht verwechseln können, aber nun er ihn rein gewaschen und rasiert bei vollem Tageslicht vor sich sah, gab es keine Möglichkeit mehr, ihn für einen alten Bekannten zu halten.

»Was soll das heißen?«, brüllte er ihn an.

Der andere machte keinen Versuch, sich zu verstellen. Er begriff sofort, dass die Herrlichkeit jetzt ein Ende hatte.

»Ja, gnädiger Herr, da kann ich nix dafür«, sagte er. »Ich hab' mich nie für was anderes ausgegeben als für einen armen Kesselflicker, und ich hab' gebeten und gebettelt, dass man mich in der Schmiede lassen soll. Und es ist ja weiter kein Unglück passiert, ich zieh halt meine alten Lumpen wieder an und mach' mich auf den Weg.«

»Nun ja«, sagte der Hüttenherr etwas gedehnt, »aber ein ehrliches Vorgehen war das doch nicht, das musst du doch einsehen. Und vielleicht hätte der Dorfrichter auch noch ein Wörtchen in die Sache dreinzureden.«

Der Landstreicher kam nun ein paar Schritte näher heran und schlug mit der Faust auf eine Stuhllehne.

»Ich werd' dem gnädigen Herrn sagen, wie die Geschichte ist«, sagte er. »Die ganze Welt ist nix anderes

als eine große Mausfalle. All das Gute, was man einem gibt, das sind nur so Speckschwarten und Käsebrocken, hingelegt, um einen armen Teufel ins Verderben zu bringen. Und wenn jetzt der Dorfrichter kommen und mich auch noch ins Loch sperren soll, dann soll der gnädige Herr lieber dran denken: Es kann ein Tag kommen, wo er selber Lust auf so ein schönes Speckstückel kriegt und sich in der großen Mausfalle fangt.«
Der Gutsherr lachte.
»Weißt du was, du Schlingel. Das war gar nicht so übel gesagt. Wir wollen den Dorfrichter am Weihnachtsabend vielleicht lieber in Ruhe

lassen. Aber schau jetzt, dass du weiterkommst!«

17

Doch als der Mann sich zur Türe wandte, ergriff die junge Gutsbesitzerstochter das Wort: »Ich finde, er sollte heute bei uns bleiben«, sagte sie. »Ich will nicht, dass er geht.« Und damit trat sie vor und stellte sich dem Landstreicher in den Weg.

»Was um Himmels willen fällt dir ein?«, fragte der Vater.

Die Tochter stand mit ganz roten Wangen da und wusste nicht recht, was sie sagen sollte. Seht, morgens hatte sie sich so schön ausgemalt, wie sie es so recht gut und weihnachtlich für den armen verhungerten, verwilderten Menschen, der zum Heiligen Abend zu ihnen gekommen war, einrichten wollte. Sie konnte sich nicht so plötzlich von diesen Gedanken losreißen, und so hatte sie gebeten, dass der arme Landstreicher bei ihnen bleiben dürfe, damit sie doch das Fest für irgend jemanden feiern konnte.

»Ich denke an diesen Wandersmann«, sagte das junge Mädchen. »Er geht und geht das ganze liebe Jahr, und sicher gibt es auf der ganzen Erde kein Fleckchen, das er sein nennen, keinen Ort, an dem er willkommen ist und in Frieden ruhen kann. Gehetzt und vertrieben wird er wohl überall, wo er hinkommt. Immer hat er Angst, eingefangen und seiner Freiheit beraubt zu werden. Ich wünschte, er fände doch hier bei uns einen Tag des Friedens. Einen einzigen im ganzen Jahr.«

Gutsbesitzer Willmanson murmelte etwas in seinen Bart. Er konnte sich nicht recht aufraffen, der Tochter entgegenzutreten.

»Es mag ja sein, dass das Ganze ein Irrtum war«, sagte das junge Mädchen, »aber jedenfalls finde ich, wir können den nicht fortweisen, den wir zu uns gebeten und dem wir eine Weihnachtsfreude versprochen haben.«

»Du predigst ja ärger als ein Pfaff«, sagte der Gutsherr. »Nun ja, ich will nur hoffen, dass du das, was du tust, nicht zu bereuen hast.«

Da nahm die Gutsbesitzerstochter den fremden Mann bei der Hand und führte ihn zum Esstisch.

»Setz dich nun nieder und iss mit uns«, sagte sie, denn sie merkte ja, dass der Widerstand des Vaters gebrochen war.

Der Mausefallenhändler hatte die ganze Zeit über kein Wort gesagt, und auch jetzt verhielt er sich still. Aber er sah das junge Mädchen, das sich so für ihn eingesetzt hatte, nur immer an. Was sie für ihn getan, war

etwas so Wunderbares, dass es ihn ganz verstummen ließ.
Dann verging dieser Weihnachtsabend auf Ramsjö ungefähr ebenso wie alle anderen Weihnachtsabende. Man hatte nicht viel Mühe mit dem fremden Gast, denn er tat eigentlich nichts anderes als schlafen. Den ganzen Vormittag lag er auf dem Sofa des Fremdenzimmers und schlief in einer Tour. Um die Mittagszeit wurde er geweckt, damit er von all den Weihnachtsspeisen mitessen konnte, aber dann schlief er weiter. Es war, als hätte er seit Jahr und Tag keinen guten und erquickenden Schlummer gefun-

den, bis er nun hierhergekommen war.
Am Nachmittag, als der Christbaum angezündet wurde, weckte man ihn abermals, und da stand er nun ein Weilchen und sah blinzelnd in die Weihnachtskerzen, und als die Weihnachtspolka gespielt wurde, tanzte er eine Runde herum. Aber die Augen fielen ihm dabei zu, und er verschwand wiederum. Einige Stunden später wurde er noch einmal gestört. Er sollte in den Speisesaal herunterkommen und Fisch und Grütze mit ihnen essen. Doch kaum war man vom Tisch aufgestanden, ging er von einem zum

andern, gab die Hand und sagte Danke und Gute Nacht.

18

Als er zu dem jungen Mädchen kam, sagte sie ihm, ihr Vater wünsche, dass er die Kleider, die er anhatte, als Weihnachtsgeschenk betrachte. Er brauchte sie nicht zurückzugeben. Und wenn er am nächsten Weihnachtsabend in ein Haus kommen wollte, wo er sich in Frieden ausruhen und sicher sein konnte, dass ihm nichts Böses widerfuhr, so möge er zu ihnen kommen.

Der Mann erwiderte nichts darauf. Er sah die Gutsbesitzerstochter nur mit derselben unermesslichen Verwunderung und Bestürzung an.

Am nächsten Morgen standen Hüttenherr Willmanson und seine Tochter schon in aller Frühe auf, um zur Weihnachtsmette zu fahren. Ihr Gast schlief noch immer, und man ließ ihn schlafen. Es wäre unbarmherzig gewesen, ihn zu stören.

Als sie gegen zehn Uhr zurückkamen, ließ das junge Mädchen den Kopf noch tiefer hängen als gewöhnlich. Sie hatte in der Kirche gehört, dass einer der früheren Taglöhner des Guts von einem Kerl bestohlen worden war, der herumging und Mausefallen verkaufte.

»Ja, das ist ja ein netter Geselle, den du da ins Haus gebracht hast«, sagte der Vater. »Ich möchte wissen, wie viele silberne Löffel jetzt noch in unserem Büfett liegen.«

Kaum war der Wagen vor der Freitreppe stehen geblieben, als der Gutsherr sich beeilte, den Bedienten zu fragen, ob der Fremde noch im Hause sei, und er fügte hinzu, sie hätten in der Kirche gehört, dass er ein Dieb sei. Der Bediente erwiderte, der Mann sei fort, aber er habe nichts mitgenommen. Vielmehr habe er ein kleines Päckchen zurückgelassen, das das gnädige Fräulein die Güte haben möge, einem alten Mann zu senden, der einmal Taglöhner auf dem Gute gewesen war und jetzt auf der ande-

ren Seite des Waldes an der großen Landstraße lebte.
»Er bat, das gnädige Fräulein sollte das Päckchen zuerst öffnen«, sagte der Bediente.
Das junge Mädchen riss den Umschlag auf und stieß einen kleinen Freudenschrei aus. Sie hatte eine kleine Mausefalle gefunden, in der drei zusammengerollte Zehnkronenscheine lagen.
»Da siehst du, Papa«, sagte sie. »Er ist allerdings in die Falle geraten, aber diesmal ist es ihm doch gelungen, wieder herauszukrabbeln.«

19

Des Kaisers Vision

Es war zu jener Zeit, da Augustus Kaiser in Rom und Herodes König in Jerusalem war.

Da geschah es, dass eine sehr bedeutsame und heilige Nacht auf die Erde sich breitete. Es war die schwärzeste Nacht, die man je gesehen hatte, man hätte glauben können, die ganze Erde sei in ein riesiges Kellergewölbe versunken. Unmöglich war es, Wasser von Land zu unterscheiden, und auf den bekanntesten Wegen konnte man sich nicht zurechtfinden. Es konnte auch gar nicht anders sein, denn

kein Lichtstrahl drang vom Himmel herab. Alle Sterne waren daheim in ihren Häusern geblieben, und der freundliche Mond hatte sein Antlitz von der Erde abgewandt.
Und ebenso tief wie die Finsternis war die Stille. Die Flüsse hatten ihren Lauf gehemmt, kein Windhauch regte sich, und sogar das Espenlaub hatte aufgehört zu zittern. Wäre man zum Meere hinabgegangen, so hätte man entdeckt, dass die Wellen nicht mehr den Strand umspülten, und wäre man in die Wüste gegangen, so hätte der Sand nicht unter den Füßen geknirscht. Alles war wie versteinert und regungslos, um diese

heilige Nacht nicht zu stören. Das Gras wagte nicht zu wachsen, der Tau konnte nicht fallen, und die Blumen getrauten sich nicht, Düfte auszuhauchen.
In dieser Nacht jagten die Raubtiere nicht nach Beute, die Schlangen bissen nicht, die Hunde bellten nicht. Und was noch weit herrlicher war, keines der leblosen Dinge hätte die Heiligkeit der Nacht dadurch entweihen mögen, dass es sich zu einer Übeltat hergab. Kein Dietrich hätte ein Schloss öffnen können, und kein Messer wäre imstande gewesen, Blut zu vergießen.
In dieser Nacht nun schritt eine klei-

ne Zahl von Menschen aus dem kaiserlichen Palast auf dem Palatin und schlug die Richtung über das Forum nach dem Kapitol ein. Die Ratsherren der Stadt hatten am jüngst verflossenen Tage den Kaiser befragt, ob er Einspruch erheben würde, wenn sie auf Roms geheiligtem Berge einen Tempel für ihn erbauen ließen. Augustus jedoch hatte seine Zustimmung nicht sogleich erteilt. Er wusste nicht, ob es den Göttern wohlgefällig sein würde, dass er einen Tempel neben ihren Altären besäße, und er hatte geantwortet, dass er zuvor seinem Schutzgeist ein nächtliches Opfer darbringen wolle, um den

Willen der Götter zu erforschen. Und er war es, der nun, von einigen Getreuen geleitet, sich anschickte, dieses Opfer darzubringen.
Augustus ließ sich in seiner Sänfte tragen, denn er war alt, und das Ersteigen der hohen Treppen des Kapitols wäre ihm beschwerlich gefallen. Er selbst hielt das Vogelbauer mit den Opfertauben. Weder Priester noch Soldaten oder Ratsherren folgten ihm, nur seine nächsten Freunde. Die Fackelträger schritten vor ihm her, um einen Weg durch das nächtliche Dunkel zu bahnen, und hinter ihm gingen Sklaven, die den dreifüßigen Altar, die Messer, das heilige Feuer und alles andere tru-

gen, was zur Opferung notwendig war. Da der Kaiser unterwegs heiter mit seinen Getreuen plauderte, achtete niemand von ihnen auf die grenzenlose Verschwiegenheit und Stille dieser Nacht. Erst als sie die oberste Terrasse des Kapitols erreicht hatten, dessen leerer Platz für den neuen Tempel ausersehen worden war, wurde ihnen offenbar, dass Ungewöhnliches bevorstehe.

Diese Nacht glich keiner ihrer Schwestern, denn die Kommenden gewahrten oben am Felsenabhang eine höchst seltsame Erscheinung. Anfangs glaubten sie einen uralten, verkrüppelten Olivenbaumstamm zu erkennen, dann meinten sie, es müsse eine steinalte Statue aus dem Jupitertempel auf den Felsen hinausgewandert sein. Schließlich schien ihnen, dass jene Erscheinung nur die alte Sibylle sein könnte.

20

Nie hatten sie etwas so Altes, Verwittertes und Gigantisches gesehen. Diese greise Frauengestalt wirkte schreckenerregend. Wäre der Kaiser nicht dabei gewesen, so hätten sie ihr Heil in der Flucht gesucht, um zu Hause in ihre Betten zu kriechen. »Das ist jene«, flüsterten sie untereinander, »die der Jahre so viele zählt, wie es Sandkörner an der Küste ihrer Heimat gibt. Weshalb ist sie just in dieser Nacht aus ihrer Höhle hervorgekommen? Was verkündigt sie dem Kaiser und dem Reich, sie, die ihre Prophezeiungen auf das Laub der Bäume niederschreibt und weiß, dass der

Wind ihr Orakelwort jenem zuweht, für den es bestimmt ist?«

So entsetzt waren sie, dass sie alle auf die Knie gestürzt wären und die Stirn an den Boden gepresst hätten, hätte die Sibylle sich auch nur im Geringsten bewegt. Sie aber saß da, als wäre alles Leben aus ihr entwichen. Sie kauerte am äußersten Rande des Felsens, hatte die Augen mit der Hand beschattet und spähte in die Nacht hinaus. Als hätte sie den Felsen erklommen, um etwas, das sich in weiter Ferne zutrug, schärfer beobachten zu können, saß sie dort. Sie konnte also in solch einer Nacht dennoch etwas erkennen.

Eben hatten der Kaiser und sein ganzes Gefolge wahrgenommen, welch tiefe Dunkelheit herrschte. Niemand konnte eine Handbreit vor sich etwas sehen. Und welche Stille, welch unergründliches Schweigen! Nicht einmal das dumpfe Murmeln des Tiber war zu vernehmen. Die Luft lastete erstickend auf den Menschen, kalte Schweißtropfen bedeckten ihre Stirn, und steif und kraftlos hingen ihre Hände herab. Sie ahnten, dass sich Grauenvolles ereignen würde.

Niemand jedoch wollte seine Angst verraten, sondern alle versicherten dem Kaiser, dass dies eine gute Vorbedeutung sei: Denn die ganze Na-

tur hielte den Atem an, um einen neuen Gott zu empfangen.
Sie mahnten Augustus, sein Opfer zu beschleunigen, und sagten, dass die alte Sibylle sicherlich, um seinen Schutzgeist zu begrüßen, aus ihrer Höhle emporgestiegen sei. Aber in Wirklichkeit war die alte Sibylle so ganz von einer Vision erfüllt, dass sie von der Ankunft des Augustus auf dem Kapitol nichts gemerkt hatte. Ihr Geist war in einem fernen Lande. Dort, so schien es ihr, wanderte sie über eine weite Ebene. In der Finsternis pochte ihr Fuß unaufhörlich gegen Hindernisse, die sie für kleine Erdhügel hielt. Sie beugte sich, mit

den Händen tastend, zur Erde. Nein, es waren nicht Erdhügel, sondern Schafe. Sie wandelte zwischen großen Herden schlummernder Schafe dahin.

Jetzt gewahrte sie die Hirtenfeuer. Die brannten inmitten des Feldes, und sie suchte dorthin zu gelangen. Schlafende Hirten hatten sich um die Feuer gelagert, und neben ihnen sah man lange, spitzige Stecken am Boden, mit denen sie ihre Herden gegen die wilden Tiere zu verteidigen pflegten. Aber waren jene kleinen Tiere mit den funkelnden Augen und den buschigen Schwänzen, die dort zum Feuer heranschlichen, nicht Schakale? Und dennoch schleuderten die Hirten nicht ihre Stecken nach ihnen, die Hunde schliefen ruhig weiter, die Schafe flohen nicht, und die Raubtiere streckten sich neben den Menschen zum Schlummer hin.

Das alles sah die Sibylle, aber sie wusste nichts davon, was sich hinter ihr auf dem Gipfel des Berges zutrug. Sie wusste nichts davon, dass man dort einen Altar errichtete, ein Kohlenfeuer entzündete, Weihrauch ausstreute und dass der Kaiser eine Taube aus dem Vogelbauer nahm, um sie zu opfern. Seine Hände waren jedoch so schlaff, dass er den

Vogel nicht festhalten konnte. Die Taube befreite sich mit einem einzigen Flügelschlage, schwang sich empor und verschwand im Nachtdunkel.
Als dies geschah, blickten die Hofherren voller Misstrauen nach der alten Sibylle hin. Sie glaubten, sie müsse die Urheberin dieses Missgeschicks sein.
Konnten sie wissen, dass die Sibylle noch immer am Kohlenfeuer der Hirten zu stehen wähnte und dass sie eben einem leisen Klange lauschte, der bebend durch die todesstille Nacht schwebte? Sie vernahm ihn, lange bevor sie inneward, dass er

nicht von der Erde kam, sondern aus dem Gewölk drang. Endlich hob sie ihr Haupt, und nun sah sie lichte, strahlende Gestalten durch das Dunkel hingleiten. Es waren Scharen kleiner Engel, die lieblich singend und gleichsam suchend über die weite Ebene hin und her flogen.

21

Indessen die Sibylle dem Engelsang lauschte, bereitete sich der Kaiser zu einem erneuten Opfer. Er wusch sich die Hände, säuberte den Altar und ließ sich die zweite Taube reichen. Aber obwohl er sich jetzt aufs Äußerste bemühte, sie festzuhalten, entglitt der geschmeidige Taubenkörper seiner Hand, und der Vogel schwang sich in die undurchdringlich dunkle Nacht empor.

Entsetzen fasste den Kaiser. Vor dem leeren Altar stürzte er auf die Knie und betete zu seinem Schutzgeist. Er flehte ihn um Kraft an, auf dass er alles Unheil abwende, das diese Nacht zu verkündigen schien.

Auch davon hatte die Sibylle nichts vernommen. Mit ganzer Seele lauschte sie dem Engelsang, der immer mächtiger anschwoll. Schließlich ertönte er so stark, dass die Hirten davon erwachten. Sie stützten sich auf ihre Ellbogen und sahen leuchtende Scharen silberweißer Englein in langen, wogenden Reigen gleich Zugvögeln hoch oben im Dunkel schweben. Einige hatten Lauten und Geigen in den Händen, andere trugen Zithern und Harfen, und ihr Gesang erklang so fröhlich wie Kinderlachen und so sorglos wie Lerchengezwitscher. Als die Hirten dies vernahmen, erhoben sie sich alsobald, um sich nach

der Bergstadt zu begeben, in der sie wohnten, und dort von dem Wunder zu berichten.
Sie tasteten sich vorwärts auf einem schmalen, gewundenen Pfade, und die alte Sibylle folgte ihnen in Gedanken. Plötzlich wurde es oben auf dem Berge hell. Mitten darüber flammte ein großer, klarer Stern, und die Stadt auf dem Berggipfel erschimmerte wie Silber im Sternenlicht. Alle die schwebenden Engelscharen flogen darauf zu, und die Hirten beschleunigten ihre Schritte, sodass sie fast liefen. Als sie die Stadt erreicht hatten, sahen sie, dass die Engel sich über einem niedrigen

Stall in der Nähe des Stadttores versammelt hatten. Es war eine elende Baracke mit einem Strohdach und dem nackten Felsgestein als Rückenwand. Senkrecht darüber stand der Stern, und dort scharten sich die Engel immer dichter und dichter. Einige setzten sich auf das Strohdach oder ließen sich auf der steilen Felswand hinter dem Hause nieder, andere flogen mit flatternden Schwingen hin und her. Hoch, hoch oben war die Luft von ihren strahlenden Schwingen verklärt und erleuchtet.

In demselben Augenblick, als der Stern über der Bergstadt aufglomm, erwachte die ganze Natur, und den

Männern auf der Höhe des Kapitols konnte der plötzliche Wechsel nicht entgehen. Sie fühlten, dass frische Winde sie umkosten. Liebliche Düfte strömten empor, die Bäume rauschten, der Tiber begann zu murmeln, die Sterne erglänzten, und der Mond stand hoch am Himmel und erhellte die Welt. Und aus den Wolken schwangen sich zwei Tauben herab und ließen sich auf des Kaisers Schultern nieder.

Als dieses Wunder geschah, erhob sich Augustus in stolzer Freude, seine Vertrauten und Sklaven aber sanken auf die Knie und riefen: »Ave Caesar! Dein Schutzgeist hat Dir nun Antwort gegeben. Du bist der Gott, der auf dem Gipfel des Kapitols angebetet werden soll!«

Und die Huldigung, die jene begeisterten Männer dem Kaiser darbrachten, hallte so mächtig, dass die greise Sibylle sie hörte. Sie war aus ihrer Entrücktheit erwacht. Sie erhob sich von ihrem Platze am Felsenabhang und schritt auf die Menschen zu. Es war, als hätte sich eine düstere Wolke aus der Tiefe des Abgrunds emporgehoben und drohte über den Felsgipfel hinabzustürzen. Grausig war die alte Sibylle in ihrer Greisenhaftigkeit. Struppiges Haar hing in wirren Strähnen um ihr Haupt, die

Gelenke der Glieder waren unförmig gestaltet, und die fahlgelbe Haut umgab den Körper hart wie Baumrinde, Runzel an Runzel.

Aber gewaltig und Ehrfurcht gebietend schritt sie auf den Kaiser zu. Mit der einen Hand umspannte sie sein Handgelenk, mit der andern wies sie nach dem fernen Osten.

»Sieh!«, gebot sie ihm, und der Kaiser hob die Augenlider und blickte hinab.

Der weite Raum eröffnete sich seinen Augen, und seine Blicke drangen bis ins ferne Morgenland. Er sah einen dürftigen Stall unter einer steilen Felswand, in dessen offener Tür

einige Hirten knieten. Drinnen im Stall sah er eine junge Mutter. Sie kniete vor einem kleinen Kinde, das auf einem Strohbündel am Boden lag.
Und die unförmigen, knochigen Finger der Sibylle wiesen auf dieses arme Kindlein hin.
»Ave Caesar!«, sprach die Sibylle mit einem Hohnlachen. »Dort liegt der Gott, der auf der Höhe des Kapitols angebetet werden wird!«
Da wich Augustus vor ihr zurück wie vor einer Wahnwitzigen.
Aber nun kam die mächtige Sehergabe über die Sibylle. Ihre wilden Augen begannen zu glühen, ihre Arme streckten sich zum Himmel empor,

ihre Stimme verwandelte sich, als wäre es nicht mehr ihre eigene, und sie bekam einen Klang und eine Kraft, dass sie auf dem weiten Erdenrund hätte vernommen werden können. Und sie sprach Worte aus, die sie hoch oben in den Sternen zu lesen schien:

»Auf der Höhe des Kapitols wird man den Weltenerneuerer anbeten, den Christ oder den Antichrist, doch nicht einen schwachen Sterblichen.«

Nachdem sie also gesprochen hatte, schritt sie an den vor Schreck erstarrten Männern vorüber langsam von der Bergeshöhe hinab und verschwand.

Augustus aber erließ am nächsten Tage ein strenges Verbot der Absicht, einen ihm geweihten Tempel auf dem Kapitol zu bauen. Stattdessen errichtete er dort ein Sanktuarium für den neugeborenen Gottessohn und nannte es *Himmelsaltar, Ara coeli*.

22

Die Flucht nach Ägypten

In weiter Ferne, in einer der Wüsten des Morgenlandes wuchs vor vielen, vielen Jahrhunderten eine Palme, die mächtig alt und riesig hoch war. Alle, die durch die Wüste zogen, mussten stehen bleiben, um sie zu betrachten, denn sie war sehr viel größer als alle anderen Palmen, und man pflegte von ihr zu sagen, dass sie gewisslich noch höher emporragen würde als die Obelisken und Pyramiden.

Wie nun die hohe Palme in ihrer Einsamkeit dastand und über die Wüste hinschaute, bekam sie eines

Tages etwas zu sehen, worüber sie vor Verwunderung ihre gewaltige Blätterkrone auf dem schlanken Stamme hin und her wiegte. Fern am Wüstensaume kamen zwei einzelne Menschen hergewandert. Sie waren noch in einem Abstand, in dem sogar Kamele so klein wie Ameisen erscheinen, aber zwei Menschen waren es ganz gewiss. Zwei, die Fremdlinge in dieser Wüste waren, denn die Palme kannte die Wüstenanwohner genau.

Ein Mann näherte sich mit einem Weibe. Sie hatten weder Wegführer noch Lasttiere, weder Zelte noch Wasserschläuche mit sich.

»Wahrlich, die beiden sind hergekommen, um zu sterben«, sprach die Palme leise vor sich hin.

Sie blickte rasch umher.

»Es wundert mich«, sagte sie, »dass die Löwen nicht schon darauf aus sind, diese Beute zu erjagen. Aber ich sehe nicht einen einzigen heranspringen. Ich sehe auch gar keine Wüstenräuber. Doch sie kommen wohl noch.«

»Ein siebenfacher Tod harret ihrer«, meinte die Palme. »Die Löwen werden sie fressen, die Schlangen werden sie durch ihren Biss töten, der Durst wird sie ausdorren, der Samum wird sie begraben, die Räuber werden sie hinschlachten, die Sonnenglut wird sie verbrennen, die Furcht wird sie umbringen.«

Und sie versuchte, an anderes zu denken. Das Geschick dieser Menschen bekümmerte sie.

Aber der weite Wüstenraum, der sich unter der Palme hinbreitete, bot ihr nichts, was sie nicht schon seit tausend Jahren gekannt und betrachtet hätte. Nichts vermochte ihre Aufmerksamkeit zu fesseln. Sie musste wiederum an die beiden Wanderer denken.

»Bei der Dürre und dem Sturm«, sprach die Palme (des Lebens gefährlichste Feinde anrufend), »was trägt denn nur dieses Weib auf den Armen? Ich glaube gar, diese Toren führen auch noch ein kleines Kind mit sich!«

Die Palme, die weitsichtig war, wie es alte Leute zu sein pflegen, hatte wirklich recht gesehen. Die Frau trug auf ihren Armen ein Kind, das sein Köpfchen an ihre Schulter gelehnt hatte und schlief.

»Das Kind ist nicht einmal vollständig bekleidet«, sprach die Palme. »Ich erkenne, dass die Mutter ihren Rock hochgehoben und über das Kind geworfen hat. Sie hat es in aller Eile aus dem Bettchen gerissen, um mit ihm wegzustürzen. Jetzt verstehe ich alles: Diese Menschen sind auf der Flucht.«

»Und dennoch sind sie Toren«, fuhr die Palme fort. »Wenn kein Engel sie beschützt, hätten sie besser daran getan, sich dem schlimmsten Tun ihrer Feinde zu unterwerfen, als sich in die Wüste hinauszuwagen.

Ich kann es mir vorstellen, wie alles zugegangen ist. Der Mann stand bei seiner Arbeit, das Kind schlief in der Wiege, die Frau war ausgegangen, um Wasser zu holen. Sobald sie aus der Tür tretend zwei Schritte weit gegangen war, sah sie Feinde heraneilen. Sie stürzte zurück, sie riss das Kind an sich und rief dem Manne zu,

ihr zu folgen, dann machte sie sich davon. Seither sind sie schon tagelang auf der Flucht und haben keinen Augenblick gerastet und geruht. Ja, so wird alles zugegangen sein, und dennoch sage ich, wenn kein Engel sie behütet ...
Sie sind so verängstigt, dass sie weder Müdigkeit noch andere Leiden verspüren können, aber ich erkenne, dass der Durst in ihren Augen brennt. Ich muss mich doch wohl in dem Gesicht eines verdurstenden Menschen auskennen.«
Und als die Palme an den Durst dachte, ging ein krampfhaftes Beben durch ihren hohen Stamm, und die

zahllosen Spitzen ihrer langen Blätter rollten sich zusammen, als würden sie über Feuersglut gehalten.
»Wäre ich ein Mensch«, sagte sie, »so würde ich mich niemals in die Wüste hinauswagen. Hohen Mutes ist, wer sich hier hinausbegibt, ohne Wurzeln zu haben, die bis zu den niemals versiegenden Wasseradern hinabreichen. Hier kann es sogar für Palmen gefährlich werden. Auch für eine solche Palme, wie ich es bin.«

23

Wenn ich ihnen einen Rat geben könnte, würde ich sie veranlassen umzukehren. Ihre Feinde können nie so grausam gegen sie sein wie die Wüste. Vielleicht halten sie es für leicht, in der Wüste zu leben. Ich aber weiß, dass es sogar mir zuzeiten schwer geworden ist, mein Leben zu erhalten. Ich entsinne mich noch, wie einst in meiner Jugend der Samum einen ganzen Berg von Sand über mich warf. Ich wäre fast erstickt. Und wenn ich hätte sterben dürfen, so wäre es meine letzte Stunde gewesen.«

Die Palme fuhr fort, laut zu denken, wie alte Einsiedler tun.

»Ich höre ein wundersam melodisches Rauschen durch meine Krone ziehen«, sprach sie. »Alle Spitzen meiner Blätter müssen in Schwingung geraten sein. Ich weiß nicht, was mich beim Anblick dieser armen Fremdlinge durchbebt. Aber die traurige Frau ist so schön. Sie bringt mir das wunderbarste Geschehnis meines Lebens in Erinnerung.«

Und während die Blätter fortfuhren, in einer leisen Melodie zu rauschen, erinnerte sich die Palme, wie einst vor langer, langer Zeit zwei strahlend schöne Menschen diese Oase besucht hatten. Es war die Königin von Saba, die in Begleitung des weisen

Salomo hierhergekommen war. Die schöne Königin sollte in ihr Land zurückkehren, der König hatte sie des Weges geleitet, und nun sollten sie voneinander scheiden.

»Zur Erinnerung an diese Stunde«, sprach die Königin, »senke ich nun einen Dattelkern in die Erde, und ich will, dass daraus eine Palme erstehe, die wachsen und gedeihen soll, bis im Lande Judäa ein König ersteht, der erhabener ist als Salomo.« Und bei diesen Worten senkte sie den Kern in die Erde, und ihre Tränen netzten ihn.

»Woher kommt es wohl, dass ich gerade heute daran denken muss?«,

sagte die Palme. »Sollte diese Frau so schön sein, dass sie mich an die herrlichste aller Königinnen gemahnt, an sie, auf deren Geheiß ich bis zum heutigen Tage wuchs und gedieh?
Ich höre meine Blätter immer stärker rauschen, und es klingt wehmutsvoll wie eine Totenklage. Es ist, als prophezeiten sie, dass jemand bald aus dem Leben scheiden würde. Es ist gut zu wissen, dass es nicht mir gilt, da ich ja nicht sterben kann.«
Die Palme glaubte, das Todesrauschen der Blätter müsse den beiden einsamen Wanderern gelten. Sicher glaubten sie auch selber, dass ihre

letzte Stunde gekommen sei. Das erkannte man an ihrem Gesichtsausdruck, als sie an einem der Kamelskelette vorbeiwankten, die den Weg begrenzten. Man sah es auch an den Blicken, die sie ein paar vorbeifliegenden Geiern nachsandten. Es konnte ja nicht anders sein. Sie mussten hier elend umkommen.

Nun hatten sie die Palme und die Oase erblickt und eilten dorthin, um Wasser zu finden. Als sie aber endlich ihr Ziel erreicht hatten, brachen sie in Verzweiflung zusammen, denn die Quelle war versiegt. Die todesmatte Frau legte ihr Kind nieder und setzte sich weinend an den

Rand der Quelle. Der Mann warf sich neben ihr hin und hämmerte mit beiden Fäusten gegen den dürren Erdboden. Die Palme vernahm, wie sie davon redeten, dass sie sterben müssten.

Sie vernahm auch aus ihrem Gespräch, dass König Herodes alle Knaben von zwei bis drei Jahren töten ließ, weil er fürchtete, dass der große, erwartete König der Juden schon geboren sei.

»Es rauscht immer stärker in meinen Blättern«, sprach die Palme. »Diese armen Flüchtlinge werden bald ihr letztes Stündlein nahen sehn.«

Sie vernahm nun auch, dass die Wüste ihnen Furcht einflößte. Der Mann sagte, es wäre besser gewesen, dort zu bleiben und mit den Kriegsknechten zu kämpfen, als hierherzufliehen. Er sagte, dass sie dann einen leichteren Tod gehabt hätten.

»Gott wird uns beistehen«, sagte die Frau.

24
C.L
1913

Wir sind allein unter Raubtieren und Schlangen«, entgegnete der Mann. »Wir haben weder Speise noch Trank. Wie soll Gott uns helfen können?«
Voller Verzweiflung zerriss er seine Kleider und presste das Gesicht gegen den Erdboden. Er war hoffnungslos wie ein Mensch mit der Todeswunde im Herzen.
Die Frau saß aufrecht, die Hände über den Knien gefaltet. Aber die Blicke, die sie über die Wüste hinschweifen ließ, zeugten von grenzenlosem Jammer.
Die Palme hörte, wie das wehmutsvolle Rauschen in ihren Blättern im-

mer stärker wurde. Die Frau musste es auch vernommen haben, denn sie richtete ihre Blicke zur Baumkrone empor. Und zugleich streckte sie unwillkürlich ihre Arme und Hände aus.

»O, Datteln, Datteln!«, rief sie.

Es lag dabei ein so sehnsüchtiges Verlangen in ihrer Stimme, dass die alte Palme gewünscht hätte, sie wäre nicht höher als ein Ginsterbusch und ihre Datteln so leicht erreichbar wie die Früchte am Dornenstrauch. Sie wusste zwar, dass ihre Krone voll von Dattelbüscheln hing, wie sollten aber die Menschen zu dieser schwindelnden Höhe hinaufgelangen?

Der Mann hatte schon bemerkt, wie unerreichbar hoch die Dattelbüschel hingen. Er hob nicht einmal den Kopf empor, aber er bat die Frau, nicht Unmögliches zu begehren.

Doch das Kind, das nun allein umhertrippelte und mit Reisig und Halmen spielte, hatte den Ausruf der Mutter vernommen.

Der Kleine konnte es sich wohl nicht vorstellen, dass seine Mutter nicht alles bekommen könnte, was sie sich wünschte. Sobald von den Datteln gesprochen wurde, begann er den Baum anzustarren. Er überlegte und sann nach, wie er wohl die Datteln herunterbekommen könnte. Seine

Stirn zog sich unter den blonden Locken in Falten. Endlich überflog ein Lächeln sein Gesichtchen. Er hatte das rechte Mittel gefunden. Auf die Palme zuschreitend, liebkoste er sie mit seiner kleinen Hand und sprach mit seiner holden, kindlichen Stimme: »Palme, beuge dich! Palme, neige dich!«

Aber was war das nur, was war das? Die Palmenblätter rauschten, als wäre ein Orkan über sie hingebraust, und Schauer um Schauer durchrieselte den hohen Palmenstamm. Die Palme erkannte, dass der Kleine übermächtig war. Sie vermochte nicht, ihm zu widerstehen.

Und mit ihrem hohen Stamm neigte sie sich vor dem Kinde, wie man sich vor Fürsten neigt. In einem gewaltigen Bogen senkte sie sich zur Erde herab und lag endlich so tief, dass die große Krone mit den bebenden Blättern den Wüstensand streifte.

Das Kind schien weder erschrocken noch verwundert zu sein, es lief nur mit einem Freudenruf herbei und löste Frucht auf Frucht von der alten Palmenkrone.

Als das Kind genug hatte und den Baum noch immer am Boden liegen sah, kam es nochmals zurück, streichelte ihn und rief mit der lieblichsten Stimme: »Palme, erhebe dich! Palme, erhebe dich!«

Und der große Baum erhob sich still und voller Ehrfurcht auf seinem biegsamen Stamm, während die Blätter gleich Harfen erklangen.

»Nun weiß ich, für wen sie die Totenklage spielen«, sprach die alte Palme vor sich hin, als sie wieder aufrecht stand. »Es geschieht nicht für einen von diesen Menschen.«

Aber der Mann und das Weib lagen auf den Knien und lobeten Gott:

»Du hast unsere Angst gesehen und sie von uns genommen. Du bist der Mächtige, der den Stamm der Palme beugt wie ein Weidenrohr. Vor

welchen Feinden sollten wir bangen, wenn Deine Macht uns schützt?«
Als die nächste Karawane durch die Wüste zog, sahen die Reisenden, dass die Blätterkrone der großen Palme verdorrt war.
»Wie konnte das geschehen?«, fragte einer. »Diese Palme sollte ja nicht sterben, ehe sie einen König gesehen hätte, der mächtiger wäre als Salomo.«
»Sie hat ihn wohl gesehen«, antwortete ein anderer unter den Wüstenwanderern.

Selma Lagerlöf

Selma Lagerlöf wurde am 20. November 1858 auf Gut Mårbacka im Värmland geboren. Sie wuchs in begüterten Verhältnissen auf, ihr Vater war Gutsbesitzer und ihre Mutter stammte aus einer vermögenden Kaufmannsfamilie. Sie hatte sechs Geschwister. Ihre Kindheit schilderte sie später in ihren autobiografischen Romanen »Aus meinen Kindertagen« sowie »Mårbacka«.

Ende der 1860er Jahre verschlechterte sich die wirtschaftliche Situation im Värmland, davon war auch die Familie Selma Lagerlöfs betroffen und das Gut musste verkauft werden.

Selma Lagerlöf ging 1881 nach Stockholm, besuchte dort das Mädchen-Gymnasium, danach machte sie eine Ausbildung zur Volksschullehrerin und bekam eine Stelle in Landskrona.

In dieser Zeit entstand ihr erster Roman »Gösta Berling«, der sich nur langsam beim Lesepublikum durchsetzte, aber heute zu den meistgelesenen schwedischen Büchern zählt.

1895 konnte sie den Lehrerberuf aufgeben und sich ganz der Literatur widmen.

1897 zog sie nach Falun.

1906 schrieb Selma Lagerlöf ihr wohl berühmtestes Buch „Die wunderbare Reise des kleinen Nils Holgersson mit den Wildgänsen“. Neben der Geschichte des Hauptheiden fließen viele Sagen und Märchen ihrer schwedischen Heimat mit in die Schilderungen ein, ebenso die wirtschaftliche und soziale Entwicklung des Landes. Das Buch wurde in 30 Sprachen übersetzt und ist Schulstoff in vielen Ländern.
Selma Lagerlöf erhielt 1907 die Ehrendoktorwürde der Philosophischen Fakultät der Universität Uppsala und am 10. Dezember 1909 als erste Frau den Literaturnobelpreis. In der

Begründung heißt es: »Der Preis wird aufgrund des edlen Idealismus, des Fantasiereichtums und der seelenvollen Darstellung, die die Dichtung Selma Lagerlöfs prägen, verliehen.«
1908 konnte sie das Gutshaus von Mårbacka zurückkaufen und mit dem Nobelpreis-Geld im Jahr 1910 auch das dazugehörige Land.
In den folgenden Jahren baute Lagerlöf das Gut weiter aus. Ergänzend zur Landwirtschaft wurde auch eine Fabrik zur Produktion von Hafermehl errichtet.
Nach der Verleihung des Nobelpreises entstanden weitere bedeutende

Werke Lagerlöfs, wie »Liljecronas Heimat« oder »Der Kaiser von Portugallien«.
Ihr letztes großes Werk »Die Löwenskölds« erschien 1925–1928 in drei Bänden, ein vierter Band kam nicht mehr zustande.
Selma Lagerlöf engagierte sich ihr Leben lang für die Frauenfrage und hielt auf einem internationalen Frauenkongress 1911 unter dem Titel »Hem och stat« (Heim und Staat) eine viel beachtete Rede. Man muss bedenken, dass sie als Literaturnobelpreisträgerin, Unternehmerin und bedeutende Frau erst 1921 in Schweden selbst wählen durfte.

In den 1930er Jahren beteiligte sie sich an der Rettung jüdischer Flüchtlinge aus Deutschland und half der bekannten deutsch-jüdischen Schriftstellerin Nelly Sachs bei ihrer Flucht nach Schweden. Ebenso engagierte sie sich auch in der Zeit der Weltwirtschaftskrise mit ihrem Unternehmen und konnte sogar zusätzliche Arbeiter einstellen, um die Not der Menschen zu lindern. Ihre Nobelpreismedaille spendete sie 1939, um der vom Krieg betroffenen Bevölkerung in Finnland zu helfen.

Sie starb am 16. März 1940 in ihrem Geburtshaus auf Gut Mårbacka.

Inhaltsverzeichnis

Bilder von Carl Larsson:

Cover: Murre, 1900
S. 2 Selma Lagerlöf, 1914
1. Kapitel: Die Küche, um 1894–1897
2. Kapitel: Karin liest, 1904
3. Kapitel: Der Freilichtmaler, 1886
4. Kapitel: Die Holzrinne, 1896
5. Kapitel: Daniels Mats, 1917
6. Kapitel: Vorbereitungen zu einem kleinen Spiel, 1901
7. Kapitel: Greta und Dora-Nora, 1891
8. Kapitel: Gustaf Upmark, 1903
9. Kapitel: Mein Vater Olof Larsson, 1903
10. Kapitel: Das Häuschen im Schnee, 1909
11. Kapitel: Ruth, 1900
12. Kapitel: Eisblocksägen, 1905

13. Kapitel: Der Freilichtmaler, 1886
14. Kapitel: Waschhaus an der Loing, 1885
15. Kapitel: Die Strafecke, 1894
16. Kapitel: November, 1882
17. Kapitel: Mittwinteropfer, 1914–1915
18. Kapitel: Rotkäppchen, 1913
19. Kapitel: Baumstudie, 1885
20. Kapitel: Das reicht – gute Nacht, 1910
21. Kapitel: In der Kirche, 1905
22. Kapitel: Der Hof und das Waschhaus, 1897
23. Kapitel: Der Freilichtmaler, 1886
24. Kapitel: Gunlög ohne Mama, 1913
S. 212: Selma Lagerlöf, 1908

Bildnachweis:
Illustrationen Sterne und Schneeflocken: © stock.adobe.com/ Chica und © stock.adobe.com/Tiana_GeoEva Kali

Bibliografische Information der Deutschen Nationalbibliothek
Die Deutsche Nationalbibliothek verzeichnet diese Publikation in der Deutschen Nationalbibliografie; detaillierte bibliografische Daten sind im Internet über http://dnb.d-nb.de abrufbar.

Besuchen Sie uns im Internet:
www.st-benno.de

Gern informieren wir Sie unverbindlich und aktuell auch in unserem Newsletter zum Verlagsprogramm, zu Neuerscheinungen und Aktionen. Einfach anmelden unter www.vivat.de.

ISBN 978-3-7462-6436-3

Zusammenstellung: Volker Bauch, Gößnitz
Umschlaggestaltung: Rungwerth Design, Düsseldorf
Gestaltung & Gesamtherstellung: Kontext, Dresden (A)